OLIVER KAHN

DU

PACKST ES!

Wie du schaffst, was du willst

Pendo München Zürich

Mehr über unsere Autoren und Bücher:
www.pendo.de

Offizielle Website Oliver Kahn:
www.oliver-kahn.de

Für Fragen an Oliver Kahn:
dupackstes@oliver-kahn.de

Playce AG
Management Oliver Kahn
Osterwaldstraße 10
80805 München
www.playce.de

ISBN 978-3-86612-279-6
Pendo Verlag in der Piper Verlag GmbH,
München 2010
Redaktion: Kai Schächtele, Berlin
Lektorat: Heike Gronemeier, München
Layout: Nathalie Bräutigam, München
Satz: Heike Gronemeier, München
mit Unterstützung von Sabine Dohme, Planegg
Druck und Bindung: Kösel, Krugzell
Printed in Germany

Für meine beiden Kinder

Inhalt

Anstoß.

[oder]

Warum ich dieses Buch schreibe.

Der 2. September 2008 war wie gemalt für meinen Abschied: ein lauer Sommerabend, wolkenloser Himmel. Mit meinem Abschiedsspiel ging unwiderruflich eine über zwanzig Jahre dauernde Karriere zu Ende, in der ich fast alles erreicht habe, was ich mir als Jugendlicher einst vorgenommen hatte. Bei dieser Partie ging es eher weniger um Sieg oder Niederlage, sondern um die Freude, noch einmal im Tor stehen zu dürfen und mich am Schluss von meinen Kollegen und Freunden verabschieden zu können. Doch ein Ziel hatte ich trotzdem noch: Ich wollte so viele Bälle wie möglich halten – vor allem in der Halbzeit.

Zehn Kandidaten hatten sich für den easy living Millionenkick qualifiziert: Es ging um die stolze Summe von einer Million Euro! Jeder durfte von der Sechzehn-Meter-Linie aus auf mein Tor schießen. Wem es gelang, ein Tor zu erzielen, wurde mit 100 000 Euro belohnt, das Geld für jeden gehaltenen oder abgewehrten Ball wurde sozialen Zwecken zur Verfügung gestellt. Als ich die Schüsse erwartete, spürte ich, wie mein Ehrgeiz so groß war wie bei einem Elfmeterschießen eines wichtigen Endspiels. Am Ende lagen fünf Bälle im Netz, fünf konnte ich abwehren. Der Betrag ging zum großen Teil in ein Projekt, das mir damals genauso wichtig war wie heute: das »ich schaff's«-Programm, mit dem Jugendliche lernen, wie sie ihre ganz persönliche Vision erreichen können.

Es war für mich ein großes Geschenk, ein so spannendes und aufregendes Leben als Fußballprofi führen zu dürfen. Da wächst fast automatisch das Bedürfnis, das Wissen, das ich auf meinem Weg angesammelt habe, mit anderen zu teilen, vor allem mit Jugendlichen wie euch, die noch am Beginn ihres Weges stehen. Zum Ende meiner Karriere hin war mir deshalb klar, dass ich mich nicht einfach sang- und klanglos verabschieden wollte. Ich wollte vielmehr etwas weitergeben!

Irgendwann ist mir dann das Buch *Ich schaffs!* in die Hände gefallen. Es handelt genau von den Themen, die mich auch während meiner Karriere begleitet haben: Wie entwickelt man eine Vision, wie setzt man sich Ziele, welche Helfer braucht man, um sie zu erreichen? Und vor allem: Wie geht man mit Niederlagen gut um? So entstand der Kontakt zu Thomas Hegemann, dem Leiter des »ich schaff's«-Instituts, und wir haben bald gemerkt, dass wir dasselbe Ziel haben: Jugendlichen zu zeigen, dass jeder die Chance hat, seine persönliche Vision zu erreichen, wenn er es mit Zuversicht und Spaß anpackt. So entstand die Idee einer gemeinsamem Tour durch zwölf Schulen. Im Jahr 2009 waren wir in einer Förderschule, drei Gymnasien, fünf Realschulen und sieben Hauptschulen zu Gast. Über 4000 Schüler hörten sich die Geschichte an, wie ein kleiner Junge aus Karlsruhe zu einem weltberühmten Torwart wurde.

Ein Teil des Geldes, das beim easy living Millionenkick zusammen kam, wurde darin investiert, die Lehrer in der »ich schaff's«-Methode zu schulen, damit nach meinen Besuchen das Motivationsprogramm umgesetzt werden kann und die Schüler in ihrer Schule einen Motivationslehrer aufsuchen können, um mit ihm das umzusetzen, was ich ihnen gemeinsam mit Thomas Hegemann vermittelt habe.

Im Laufe dieser Veranstaltungen wollten die Jugendlichen eine ganze Menge von mir wissen; dabei ging es natürlich auch darum, wie viel man trainieren muss, um der beste Torhüter der Welt zu werden. Aber nicht, dass ihr jetzt denkt: »Wie öde! Der erzählt ja nur von Fußball.« Fußball spielte in meinem Leben eine große Rolle, weil er das war, was ich immer machen wollte. Ihr habt bestimmt andere Träume und Ziele, die für euch von Bedeutung sind. Deshalb wird es in diesem Buch hauptsächlich darum gehen, wie man sich generell Ziele setzt, wie man sie erreichen und mit auftretenden Schwierigkeiten fertig werden kann. Ich bin überzeugt, dass es sich lohnt, sich Ziele zu setzen, sie mit Zuversicht, Hartnäckigkeit und vor allem mit Spaß zu verfolgen, auch wenn man nicht das Megatalent ist oder in der Schule die besten Noten schreibt – denn so war es auch bei mir.

Wie trotzdem etwas aus mir werden konnte, will ich euch in diesem Buch erzählen. Ich hoffe, dass ihr euch von meiner Geschichte inspirieren lasst. Vielleicht solltet ihr euch nicht unbedingt jeden Moment meiner Karriere zum Vorbild nehmen. Denn manchmal bin ich auch übers Ziel hinaus geschossen, weil mein Ehrgeiz einfach mit mir durchgegangen ist. Aber so etwas kann vorkommen, wenn man sich fest vornimmt, etwas zu erreichen.

Es gibt ein Sprichwort, in dem ein Fünkchen Wahres steckt. Es lautet: Wege entstehen erst, wenn man sie beschreitet. Damit ist gemeint, dass jeder seinen eigenen Weg finden muss, den er in seinem Leben gehen möchte. Da kann es schon einmal vorkommen, dass man aneckt. Wichtig ist dann, darüber nachzudenken, warum es so weit gekommen ist und was man beim nächsten Mal besser machen kann. Das finde ich allemal besser, als sich immer nur anzupassen.

Auch wenn ihr vielleicht im Moment nicht genau wisst, wohin euer Leben führen soll: Gebt euch einen Ruck und lauft los! Vertraut auf eure Fähigkeiten und habt den Mut, euren Träumen zu folgen! Denn ich bin davon überzeugt, dass es jeder packen kann, seinen ganz eigenen Weg zu einem Leben zu finden, das ihn glücklich macht. Und ich hoffe, dieses Buch hilft euch dabei. Deshalb habe ich es auch »Du packst es!« genannt.

Mein Weg als Torwartprofi liegt bereits hinter mir. Und er hätte nicht schöner zu Ende gehen können als an diesem schönen Abend im September 2008.

kapitel

01

Wie jeder
genau die

Vision

findet, die
zu ihm passt.

[oder]

Warum ein neues
Trikot mich zum Torwart
werden ließ.

Als der Schiedsrichter kurz vor Ende der 75. Minute das Spiel unterbricht, wird es plötzlich ganz leise im Stadion. Das Flutlicht wird abgedimmt, nur ein einziger Scheinwerfer strahlt noch mit voller Kraft. Er ist direkt auf mich gerichtet und begleitet jeden meiner Schritte. Ich verlasse den Ort, der 14 Jahre lang mein Leben bestimmt hat: das Tor des FC Bayern München. Meine Mitspieler, die eben noch über das ganze Spielfeld verteilt waren, stellen sich in einer Reihe auf. Auch die Spieler der deutschen Nationalmannschaft, unser Gegner an diesem Abend, bilden ein Spalier. Als ich an ihnen vorübergehe, beginnen sie zu applaudieren.

In der anderen Ecke des Stadions steht ein einzelnes Mikrophon: gleich wird Paul Potts »Time to say goodbye« singen. Dann ist es so weit: Die Zuschauer erheben sich von ihren Plätzen, während Potts' Stimme durch die Arena klingt. Das Stadion ist bis auf den letzten Platz gefüllt. Über 69 000 Menschen sind gekommen, um mich ein letztes Mal spielen zu sehen. 69 000! In einem Spiel, in dem es um nichts anderes geht als um meinen Abschied! Ein Wahnsinn! Sie beginnen zu klatschen, erst verhalten, dann immer lauter. Langsam gehe ich die gesamte Umrandung des Spielfelds ab, bleibe immer wieder stehen und winke ins Publikum.

Alle, die mir wichtig sind, sind an diesem Abend in die Allianz Arena nach München gekommen. Meine Familie, alle meine Freunde, auch viele ehemalige Kollegen und Konkurrenten, denen ich im Laufe meiner Karriere begegnet bin. Und natürlich meine Fans, die sich mit mir freuten, wenn es gut lief, und mit mir litten, wenn einmal etwas danebenging. Was in meinem Fall hieß, dass der Ball eben nicht danebenging, sondern hinter mir im Tor landete. Aber das gehört nun einmal dazu, dass man als Torwart ab und zu auch hinter sich greifen muss. Ein Großer wird man nur, wenn man lernt, so etwas wegzustecken, weiter an sich zu arbeiten und nach vorne zu blicken.

Mein Traum war es immer gewesen, ein berühmter Torwart zu werden. Schon als kleiner Junge habe ich mir oft ausgemalt, wie ich eines Tages in den größten Stadien der Welt spielen würde, unter dem Jubel Zehntausender Menschen. Ich habe mir vorgestellt, wie es sich anfühlen würde, wenn alle Augen auf mich gerichtet sind und alle gebannt zusehen, wie ich den Ball mit den Fingerspitzen gerade noch um den Pfosten lenke. Ich weiß nicht, wie viele Bälle ich in meiner Karriere abwehren konnte und wie viele ins Netz gerauscht sind. In meiner über zwanzig Jahre dauernden Profi-Laufbahn ist da sicher einiges zusammengekommen.

Seit jenem Abend des 2. September 2008 aber weiß ich eines ganz sicher: Es wird in dieser Bilanz kein Ball mehr dazukommen, weder auf der Haben- noch auf der Sollseite. Dies ist der Abend meines Abschieds, meine Karriere als Torwart geht hier und heute definitiv zu Ende. Als ich meine Runde durch das ganze Stadion vollendet habe, drehe ich mich ein letztes Mal um und lasse meinen Blick schweifen: Überall blitzen Digitalkameras zu mir herüber, Fans schwingen die Fahnen ihrer Fanclubs, andere heben ihre Schals über die Köpfe. Dann ist der Zeitpunkt gekommen zu gehen: Stufe um Stufe steige ich hinab in den Bauch des Stadions, nur noch begleitet von einer einzigen Fernsehkamera, die diesen letzten Weg zurück in die Kabine live ins Fernsehen überträgt.

Dort angekommen setze ich mich vor meinen Spind und ziehe die Torwarthandschuhe von den Fingern. Ganz langsam schnüre ich meine Fußballschuhe auf und schlüpfe heraus. In meinem Kopf geht alles durcheinander. Auf der einen Seite bin ich traurig darüber, dass es jetzt vorbei ist. Ich habe in meiner Karriere so viel Schönes und Aufregendes erlebt, ich habe in dem Stresshormon Adrenalin, das mein Körper vor großen Fußballspielen ausgeschüttet hat, gebadet wie in einem Swimmingpool. Ich habe es geliebt, Pokale oder die Meisterschale in die Höhe zu recken und laut zu rufen: »Da ist das Ding!« Und ich weiß, dass mir das alles sehr fehlen wird. Auf der anderen Seite freue ich mich auch darauf, dass nun etwas Neues beginnt. Ich war über zwanzig Jahre lang Fußballprofi, mir war immer klar, dass ich diesen Job nicht bis zur Rente machen konnte. Wer Sport zu seinem Beruf macht, weiß, dass die Phase als Aktiver irgendwann vorübergeht. Dieser Abend im September 2008 markiert den Beginn eines neuen Lebensabschnitts. Ich streife das Torwarttrikot mit der Nummer 1 und dem Schriftzug KAHN auf dem Rücken über meinen Kopf und lege es auf die Bank. Schluss, aus, Ende – meine Torwartkarriere ist vorbei. Das war's.

Ein Traum von einer Karriere

■ Im Laufe meines Sportlerlebens bin ich oft von Jugendlichen gefragt worden: »Herr Kahn, wie haben Sie es eigentlich geschafft, ein so berühmter Torwart zu werden? Waren Sie immer schon so gut?« Auf die Idee könnte man ja kommen, wenn man sich die Liste meiner Erfolge ansieht: Dreimal war ich Welttorhüter des Jahres, viermal wurde ich als bester Torwart Europas ausgezeichnet, dreimal war ich Deutschlands Fußballer des Jahres. Und bei der Weltmeisterschaft 2002 in Japan und Südkorea wurde ich sogar zum besten Spieler des Turniers gewählt, das ist weder vorher noch nachher einem anderen Torwart gelungen. Zugegeben: Im Rückblick liest sich das, als wäre ich sozusagen schon mit goldenen Torwarthandschuhen auf die Welt gekommen.

Aber so war es nicht. Die Wahrheit ist: Als ich selbst noch ein Jugendlicher war, hätte mir kaum jemand zugetraut, dass ich jemals eine solche Karriere hinlegen könnte. Der Einzige, der daran mit aller Macht glaubte, war: ich selbst. Und nur deshalb habe ich es auch geschafft. Seit ich acht, neun Jahre alt war, war es mein großer Traum, ein berühmter Torwart zu werden. Natürlich war die Vorstellung, dass das irgendwann tatsächlich klappen könnte, zu diesem Zeitpunkt noch sehr weit weg, aber trotzdem war dieser Traum in meinem Kopf immer präsent. Er war immer da und er war so mächtig, dass er mir genug Kraft gab, alles dafür zu tun, dass dieser Traum Wirklichkeit wurde.

Einen solchen Traum nennt man auch »Vision«. In diesem Kapitel möchte ich euch erklären, was ihr tun könnt, um eure eigene Vision zu finden – und warum es so wichtig ist, dass man überhaupt eine hat. Eine Vision ist nämlich nicht nur sinnvoll, wenn man so wie ich eine Karriere als Torwart schaffen möchte: Jeder, der etwas aus seinem Leben machen möchte, braucht eine solche Vision, egal ob er später einmal ein bekannter Sänger werden möchte oder Entwicklungshelfer, ob er Computerspiele programmieren, Häuser konstruieren oder Schmuck entwerfen will.

Vision – was ist das denn?

■ Zugegeben: »Vision« – das klingt erst mal ein wenig seltsam, vielleicht auch etwas altmodisch, so wie Television. Und tatsächlich hat der Begriff etwas mit »Sehen« zu tun. Er hat seinen Ursprung im Lateinischen und bedeutet »Vorstellung« oder »Erscheinung«. Damit ist gemeint, dass man etwas vor seinem inneren Auge »sieht«, so wie ich damals. Ich »sah« mich wirklich in einem großen Fußballstadion stehen, ich »sah«, wie ich die Bälle aus der Luft fischte und mir die Menschen zujubelten. Ich unternahm in meinem Kopf sozusagen eine Zeitreise in meine Zukunft, in der aus meinem Traum schon Wirklichkeit geworden war. Das Bild, das während meiner Zeitreise entstand, war wie ein Horizont, ein Überziel, auf das ich nun Schritt für Schritt zusteuern konnte.

Genau das ist der Grund dafür, warum es so wichtig ist, für sich selbst eine Vision zu finden: Sie gibt dem eigenen Leben eine Richtung, sie definiert einen Weg. Nur wer weiß, wohin sein Weg im Leben führen soll, kann auch losmarschieren. Wenn man sein Ziel kennt, dann fällt es leichter, Schwierigkeiten zu meistern, die auf diesem Weg auftreten können. Denn man weiß ja immer, wofür es sich zu kämpfen lohnt: nämlich dafür, dass das Leben irgendwann genau so ist, wie man es sich in seiner Vision ausgemalt hat.

Und ich kann euch sagen: Es ist allein schon ein großartiges Gefühl zu wissen, was einem wichtig ist und was man erreichen will. Noch viel größer wird das Glücksgefühl, wenn man es dann auch tatsächlich geschafft hat.

[kurz] gesagt

Eine Vision entsteht, wenn man sich in seinem Kopf auf eine Zeitreise begibt und sich in den schönsten Farben ausmalt, wie sein Leben in der Zukunft aussehen könnte und was man alles erreichen möchte. Hat man sein eigenes Bild von der Zukunft, seine ganz persönliche Vision dann gefunden, ist das wie ein Horizont, auf den man zusteuern kann. Wenn ihr diesen Horizont immer fest vor Augen habt, werdet ihr auch wissen, welchen Weg ihr einschlagen müsst.

Die Welt in meinen Händen: mein ganz persönlicher Traum

■ Dass sich eine Vision entwickeln kann, hat viel damit zu tun, ob man überhaupt darüber nachdenkt, was man aus seinem Leben machen möchte. Bei manchen entwickelt sich eine Vision ein Stück weit von allein, andere müssen ihr ein bisschen auf die Sprünge helfen. Aber grundsätzlich hat jeder die Fähigkeit, ein Ziel zu formulieren, auf das er hinarbeiten kann. Das braucht manchmal etwas Zeit; ihr müsst euch also keine Sorgen machen, wenn ihr jetzt noch nicht wisst, wo eure Reise hingeht. Aber vielleicht hilft es euch, eure Vision zu finden, wenn ihr versteht, wie meine entstanden ist.

Ich bin in einer Welt aufgewachsen, in der Fußball schon immer eine wichtige Rolle gespielt hat. Denn mein Vater war als Jugendlicher selbst auf dem besten Weg, ein großer Spieler zu werden. Er hat in mehreren Jugend-Auswahlmannschaften mit Jungs gekickt, aus denen später berühmte Fußballer wurden, zum Beispiel mit Sepp Maier. Er war sogar Profi in unserer Heimatstadt Karlsruhe und hat mehrere Jahre für den KSC gespielt. Doch dann zog er sich eine schwere Verletzung zu und musste seine viel zu kurze Profikarriere beenden. Vom Ball hat er trotzdem nicht lassen können. Mein Vater wurde Spielertrainer bei verschiedenen Vereinen in der Umgebung von Karlsruhe. Das heißt, er stand nicht nur an der Linie, sondern er hat auch selbst mitgespielt. Als Abwehrchef dirigierte er seine Mannschaft vom Feld aus.

Das runde Leder gehörte einfach zu unserer Familie, und mich scheint dieser Virus auch schon ziemlich früh infiziert zu haben. Wie früh, das ist mir neulich beim Durchblättern eines alten Fotoalbums noch mal aufgefallen: Es gibt ein Bild von mir, auf dem ich, wenn ich der Bildunterschrift meiner Mutter glauben kann, zwei Jahre alt bin. Ich stehe im Garten meiner Großeltern, auf dem frisch gemähten Rasen. Mit meinen kleinen Händen halte ich einen Ball fest, die eine Hand sitzt etwas tiefer als die andere. Es ist ein blauer Plastikball mit einem aufgedruckten Globus. Wenn ich mir dieses Foto heute ansehe, kommt es mir fast so vor, als wollte dieser Knirps in seinem gestreiften T-Shirt und der roten Latzhose sagen: »Bälle zu halten – das wird später einmal meine Welt sein.«

Mein Vater hat mich schon früh in diese Welt mitgenommen. Für meine Freunde und mich war es das Tollste überhaupt, wenn wir ihn zu einem Sonntagsspiel seiner Mannschaft begleiten durften. Während sich die Großen warm liefen, kickten wir auf einer Wiese nebenan. Und sobald das Spiel der Erwachsenen angepfiffen wurde, setzte ich mich hinters Tor. Vielleicht, weil ich mich dort am sichersten fühlte, vielleicht aber auch, weil ich so nah wie möglich bei meinem Vater sein wollte. Warum ich mich immer genau dort hingesetzt habe, kann ich heute nicht mehr genau sagen. Die Stelle hinter dem Tor war einfach mein ultimativer Stammplatz. Und so lernte ich den Fußball schon früh aus der Perspektive des Torwarts kennen.

Mit fünf Jahren begann ich in der F-Jugend-Mannschaft des KSC selbst mit dem Kicken. Danach gab es für mich nur noch Fußball. Wir haben vormittags in den

Schulpausen genauso gespielt wie nachmittags, wenn wir mit den Hausaufgaben fertig waren. Zu der Zeit stand ich aber noch nicht im Tor, ich spielte im Sturm. Denn bei uns galt das ungeschriebene Gesetz: Nur diejenigen kommen in den Kasten, die fürs Feld nicht gut genug sind – und ich war ein ganz passabler Stürmer.

An ein Spiel kann ich mich besonders gut erinnern: Es fand im Wildparkstadion statt, dem Heimstadion des KSC, von dem wir nur fünf Minuten mit dem Fahrrad entfernt wohnten. Wir sollten vor dem Auftritt der Profis spielen. Ich war gerade mal sechs Jahre alt, und ihr könnt euch sicher vorstellen, wie aufregend das für mich war. Normalerweise spielten wir am Samstagvormittag auf kleinen Feldern irgendwo in Karlsruhe oder in der Umgebung, unsere einzigen Zuschauer waren die Trainer, Väter und manchmal auch die Mütter, die immer am aufgeregtesten auf den Platz riefen. Wenn wir Pech hatten, landete der Ball nach einem Fehlschuss in einem nahe gelegenen Bach. Aber jetzt durften wir in einem richtigen Stadion auflaufen, die Tore standen jeweils auf Höhe des 16-Meter-Raums. Wir spielten auf dem Rasen, auf dem nach uns die Großen antraten. Als wir drankamen, waren vielleicht 10 000 Menschen im Stadion, die Tribünen waren noch halb leer, und wahrscheinlich hat kaum jemand auf das geachtet, was wir da unten auf dem Spielfeld fabrizierten. Uns war das egal: Wir haben uns gefühlt, als würden wir um die Deutsche Meisterschaft spielen, beobachtet von 70 000 Fans im Stadion und zehn Millionen vor den Fernsehern. Mindestens.

Ich weiß noch genau, wie ich in diesem Spiel ein Tor schoss: Ich bin durch die Mitte gegangen, habe abgezogen – und Tor! Dieser Moment hat sich überragend angefühlt, gerade so, als hätte ich damit die Meisterschaft entschieden. Dass die wenigsten Zuschauer davon Notiz nahmen, kümmerte mich nicht. Dieses Spiel war ein Schlüsselmoment für mich, ein Auslöser dafür, dass ich später davon zu träumen begann, selbst in einem solchen Stadion zu spielen – und zwar regelmäßig. Ich wollte dieses Gefühl wieder spüren, diese Aufregung, dieses Kribbeln, das einen durchströmt, wenn man in ein Stadion einläuft; die Anspannung, wenn der Schiedsrichter das Spiel anpfeift, und die Freude, wenn einem etwas Tolles gelingt und die Zuschauer jubeln.

Ein großer Traum für einen kleinen Jungen wie mich. Aber das Gefühl, das ich damals im Stadion hatte, hat mich einfach nicht mehr losgelassen. Und so nahm mein Traum langsam Gestalt an. Nur meine Rolle darin änderte sich – aus dem Stürmer wurde der, der den Stürmern das Leben schwer machen wollte. Für diesen Seitenwechsel waren auch meine Großeltern verantwortlich, die mir eines Tages eine Torwartausrüstung schenkten – von Sepp Maier, dem damals besten Torwart der Welt, der später zu einem engen Freund für mich werden sollte. Und damit war meine große »Karriere« als Stürmer beendet. Denn von diesem Moment an wollte ich nur noch eins: Torwart werden. Dass mir meine Großeltern ausgerechnet ein Torwarttrikot geschenkt haben, lag daran, dass mein Opa ziemlich ausgebufft war.

Eines Tages war nämlich der Stammtorwart unserer Mannschaft ausgefallen, also war ich in den Kasten gegangen. Dabei muss ich mich ganz gut angestellt haben, denn mein Großvater, der sich das Spiel angesehen hatte, sagte danach zu mir: »Oli, bleib doch im Tor, ich glaube, du hast Talent.« Ich wusste nicht so recht, was ich davon halten sollte. Wollte mir mein Großvater damit etwa durch die Blume sagen, dass aus mir kein guter Stürmer werden würde? Das kratzte natürlich an meinem Ehrgeiz, denn ins Tor stellten wir ja – wie schon gesagt – nur den, der es auf dem Feld nicht brachte. Tja, und dann bekam ich dieses tolle Sepp-Maier-Trikot, dazu die passende Hose und natürlich ein Paar Torwart-Handschuhe…

Der »Seppi«, wie ich ihn heute nenne, hatte mit dem FC Bayern München und der Deutschen Nationalmannschaft alles gewonnen, was es zu gewinnen gab: die Deutsche Meisterschaft, den DFB-Pokal, den Europapokal der Landesmeister, die Europameisterschaft und die Weltmeisterschaft. Nachdem ich Hose und Trikot übergezogen hatte, schlüpfte ich in die Handschuhe und schaute in den Spiegel. Plötzlich war alles ganz klar. Ich, ein Stürmer? Nie im Leben. Ich fühlte mich mit meiner neuen Ausrüstung wie ein ganz großer Torwart, wenn auch im Miniaturformat, und dachte mir: »Wer ein so tolles Trikot hat, muss auch ins Tor.«

»Spinnst du«, pflaumten mich meine Freunde im Verein an, als ich ihnen von meinem neuen Plan erzählte. »Was willst du denn im Tor? Du bist doch ein guter Fußballer.«

Sicher, ich war nicht schlecht, aber nun wollte ich einfach ins Tor – und dort besser werden, als ich das auf dem Feld vermutlich je geworden wäre. Und ich blieb im Tor. Denn ich hatte jetzt eine Vision: Ich wollte Profi werden, der unter dem Jubel des Publikums seinen Kasten sauber hält.

»Bitte hier entlang«: Wie ihr eure Vision finden könnt

■ Eine Vision ist nichts, was man sich mal eben überlegen kann. Nach dem Motto: »Ach, ich habe gerade nichts Besseres zu tun, also denke ich einfach mal über eine Vision nach. Irgendwas wird mir schon einfallen.« Eine Vision muss sich entwickeln, so wie auch ein Gemälde langsam entsteht, Pinselstrich für Pinselstrich. Es kann ein bestimmtes Erlebnis sein, das den Auslöser gibt, oder sogar ein Geräusch. Es gibt nämlich die Vermutung, dass Einstein, einer der berühmtesten Physiker der Weltgeschichte, zur Physik kam, weil ihm das Quietschen der Kreide auf der Tafel so gut gefiel.

Von einem aber bin ich felsenfest überzeugt: Jeder hat die Fähigkeit, genau die Vision zu finden, die zu ihm passt. Er muss sich dafür aber selbst ehrlich fragen: Was kann ich gut, was macht mir Freude, was will ich in meinem Leben erreichen? Eine Vision muss für Außenstehende nicht immer nachvollziehbar sein, sie kann auch etwas schräg sein. Das Wichtigste ist, dass ihr euch damit identifizieren könnt. Denn nur auf euch kommt es an.

Dass ihr eine gute Vision gefunden habt, merkt ihr daran, dass ihr sie ganz konkret in einem Satz formulieren könnt. Bei mir lautete er: »Ich will ein berühmter Torwart werden.« Eine andere Vision könnte sein: »Ich möchte als Entwicklungshelfer nach Afrika gehen, um den Leuten dort zu helfen.« Oder: »Ich möchte ein Polizist werden, der Kriminalfälle löst.« Eine Vision muss aber nicht unbedingt etwas mit einem Beruf zu tun haben. Sie könnte auch lauten: »Ich möchte so gut Klavier spielen können, dass ich einmal im Konzertsaal meiner Heimatstadt auftreten kann.«

Zu sagen: »Es ist mir egal, was aus mir später wird, die Hauptsache ist, dass ich viel Geld verdiene, ein flottes Auto fahren und viermal im Jahr Urlaub machen kann« ist übrigens keine Vision. Viel Geld zu verdienen mag ja ganz nett sein, aber das ist nichts, auf das ihr bewusst zusteuern könnt. Ihr müsst schon wissen, womit ihr die ganze Kohle verdienen wollt. Denn ihr könnt euch ja schlecht an die nächste Straßenecke stellen und darauf warten, dass jemand mit vier Koffern voller Geld vorbeikommt. Vielmehr: Ihr könnt das natürlich schon versuchen. Es wird nur keiner kommen.

 **[kurz]** gesagt

Jeder hat die Fähigkeit, genau die Vision zu finden, die zu ihm passt. Er muss sich dafür nur fragen: Wovon habe ich schon immer geträumt? Was macht mir Spaß? Was kann ich besonders gut? Indem man sich diese Fragen beantwortet, schafft man die Grundlagen dafür, dass sich eine Vision entwickeln kann.

Noch mal: Eine Vision ist wie ein Horizont, auf den ihr zusteuern könnt – aber damit ihr diesen Horizont überhaupt erreichen könnt, braucht ihr eine Reiseroute. Im Grunde ist das wirklich so, als würdet ihr auf eine große Tour gehen: Ihr habt ein Ziel, packt die Sachen, die ihr für diese Reise braucht, in eine große Tasche und macht euch auf den Weg. Und natürlich wollt ihr ja auch irgendwann am Ziel ankommen. Es käme sicher keiner auf die Idee zu sagen: »Mir doch egal, ob und wie und wann.«

»Vision impossible?«

■ Jeder Mensch hat das Zeug dazu, eine Vision zu entwickeln, weil jeder etwas hat, was ihm Freude bereitet, was er gerne macht. Überlegt doch mal, was das bei euch ist. Wichtig ist dabei, dass ihr nicht nur auf das schaut, was ihr könnt. Sondern wirklich auf das, was euch motiviert. Denn nur dann werdet ihr es schaffen, am Ball zu bleiben und eure Fähigkeiten auszubauen. Und nicht gleich bei den ersten Schwierigkeiten die Flinte ins Korn werfen. Es macht keinen Sinn zu sagen: »Hm, Deutsch kann ich ja ganz gut, dann werde ich eben Schriftsteller.« Wenn ihr nicht dafür brennt, wenn ihr keine Leidenschaft entwickelt für das, was ihr tut, werdet ihr irgendwann die Lust verlieren.

Viele machen auf der Suche nach ihrer Vision noch einen anderen Fehler: Sie konzentrieren sich auf das, was gerade nicht funktioniert. Dann setzen sie ihre negative Brille auf und sagen: »Ich kann ja eh nichts.« Oder: »Ich habe kein Ziel, weil es nichts gibt, was mir

Spaß macht.« Ganz davon abgesehen, dass es bei jedem etwas gibt, das ihm Spaß macht: So kann sich tatsächlich keine Vision entwickeln. Denn wer nur einen Blick dafür hat, was gerade schiefläuft, oder sich generell keine Gedanken darüber machen möchte, wo sein Weg hinführen soll, macht es sich selbst schwer. Manchmal muss man in sich gehen, vielleicht sogar richtig graben, um seine Vision zu finden, und manchmal muss man auch etwas um die Ecke denken, aber am Ende wird jeder von euch das Ziel finden, auf das er hinarbeiten möchte.

Als ich 2009 mit dem »ich schaff's«-Programm in Schulen unterwegs war und mit Lehrern und Schülern diskutiert habe, kamen wir auch zu der Frage, was die Jugendlichen später einmal aus ihrem Leben machen wollen. Ein Schüler hat darauf ganz flapsig geantwortet: »Ich will Maskottchen klatschen.« Ich wusste zunächst gar nicht, was er damit meinte. Dann stellte sich heraus, dass er mich nur provozieren wollte. Denn er wollte mir weismachen, seine Vision bestehe darin, Schwächeren eins auf die Nase zu geben. So eine Einstellung ist weder ein Lebensinhalt, noch liefert sie eine gute Voraussetzung dafür, um später etwas zu erreichen. Als ich mich dann länger mit ihm unterhalten habe, legte er seine coole Masche ab, und wir haben gemeinsam etwas gefunden, was ihm wirklich Spaß macht. Er interessierte sich sehr für Autos und erzählte dann davon, dass er gern wertvolle Oldtimer restaurieren und verkaufen wollte. Vision gefunden!

Es gibt ja das Sprichwort: »Wer Ordnung hält, ist nur zu faul zum Suchen.« Man kann das auch wunderbar auf die Suche nach einer Vision übertragen: »Wer noch keine Vision gefunden hat, war nur zu faul, sie zu suchen.« Je schneller ihr deshalb mit dem Suchen beginnt, umso schneller werdet ihr auch die Vision finden, die zu euch passt.

Rache für Toni: Die WM 1982

■ Je älter ich wurde, umso klarer wurde meine Vision. Es zog mich in jeder freien Minute auf den Bolzplatz, egal bei welchem Wetter. Mit meinen Freunden aus der Nachbarschaft oder den Kameraden aus dem Verein spielten wir das nach, was wir zuvor im Fernsehen gesehen hatten. Die einen wollten die Kopfbälle so elegant beherrschen wie Horst Hrubesch, der legendäre Stürmer des Hamburger SV. Die anderen übten, die Flanken so elegant zu schlagen wie Manni Kaltz, der ebenfalls für den HSV spielte. Zu meinem großen Vorbild wurde damals Harald »Toni« Schumacher. Er stand, als ich zwölf, dreizehn Jahre alt war, beim 1. FC Köln im Kasten und hatte 1979 in der deutschen Nationalmannschaft das Tor von Sepp Maier übernommen.

Er war derjenige, dem ich von jetzt an in allem nacheiferte, was zum Torwartspiel gehört. Die Körperhaltung, die Art zu spielen – ich habe viel von ihm abgeschaut. Das ist in einem jugendlichen Alter auch nicht verkehrt, bis zu einem gewissen Punkt, ab dem man dann seinen eigenen Stil finden muss. Aus meinen Sepp-Maier-Sachen war ich längst herausgewachsen, nun hatte ich alles von Schumacher: Handschuhe mit einem großen S auf dem Handrücken und die verschiedenen Trikots, die er beim 1. FC Köln und in der Nationalmannschaft trug. Die waren damals sehr begehrt. Das war nicht wie heute, wo man alles ganz einfach im Internet bestellen kann. Es war wirklich schwierig, an diese Trikots heranzukommen. Man konnte sie zwar in Sportgeschäften kaufen, musste aber genau wissen, in welchen Läden man welche Trikots bekam. Die von einem Torwart aus Köln waren in Karlsruhe natürlich nicht so einfach zu finden. Als ich Schumacher Jahre später das erste Mal getroffen habe, war das eine sehr komische Situation. Ich hatte immer noch den kleinen Oliver im Kopf, für den Schumacher der große Orientierungspunkt war. Das war ein seltsames Gefühl. Und es ist für mich bis heute eigenartig, wenn wir uns treffen.

Rolf Kahn, Vater

 *Wie sehr sich Oliver mit seinem Vorbild identifiziert hat, konnte man im Juli 1982 sehen. Da war er gerade 13 Jahre alt. Es war der Abend des Finales der Fußball-WM, Deutschland gegen Italien. Wir waren damals im Urlaub in Riccione, die ganze Familie unterwegs in einem weißen VW Käfer Cabrio. Schon die Tage zuvor waren für Oliver nicht gerade lustig gewesen. Jedes Mal, wenn der Italiener am Strand im Liegestuhl neben uns auf das große Ereignis zu sprechen kam, erklärte er Oliver lang und breit, dass die Deutschen ohnehin keine Chance hätten. Oliver widersprach natürlich auf das Heftigste. Und dann kam das Spiel selbst: Wir saßen in einem Restaurant voller Italiener, der Fernseher stand in der Ecke des Raumes. Die Stimmung heizte sich auf, je*

mehr Tore fielen. Es waren nur die Italiener, die trafen, die Deutschen hatte in diesem Spiel wirklich keine Chance. Und wir, sonnenverbrannt und eindeutig keine Italiener, mitten drin. Dann kam der Abpfiff. Schlimmer hätte es nicht kommen können: Die Italiener gewannen 3:1. Man konnte Oliver ansehen, wie sehr er litt: Es war für ihn, als hätte er selbst im Tor gestanden und die Treffer kassiert. Um seinen Frust abzubauen, stieß er mit dem Fuß einen Blumenkübel um und verließ enttäuscht den Raum. Die anderen Gäste lachten nur, sie konnten verstehen, dass es für den blonden Jungen aus Deutschland nicht leicht war, diese Niederlage zu verkraften. Als Vater hätte ich natürlich sagen müssen: »Oliver, man muss auch mal verlieren können.« Aber ich hatte Verständnis für ihn. Ich war in seinem Alter ja genauso traurig gewesen, als die Schweden bei ihrer eigenen WM 1958 die Deutschen aus dem Turnier geworfen hatten.

Als die Wut über die Niederlage verraucht war, war mein Ehrgeiz nur noch mehr entfacht. Denn in diesem Moment schwor ich mir: Eines Tages wirst du selbst in einem so wichtigen Spiel im Tor stehen und dich für diese schmachvolle Niederlage rächen. Dann wirst du tolle Paraden zeigen und alle Bälle halten, die auf dein Tor kommen, und wir werden dieses Spiel gewinnen. Und Zehntausende Menschen im Stadion und noch mehr vor den Fernsehern werden uns dabei zusehen.

Natürlich hätte mein Vater in diesem Moment zu mir sagen können: »Oliver, geht es nicht auch eine Nummer kleiner? Hier, nimm erst mal eine Cola und kühl dich ab.« Aber er hat mich in meinem Traum eher unterstützt und wollte meinen Ehrgeiz gar nicht bremsen. Er hatte auch keinen Grund dazu. Denn es gibt keine zu großen Träume, es gibt nur Träume, die wir uns gar nicht erfüllen können. Weil sie nicht unseren Stärken und Fähigkeiten entsprechen.

Gibt es unerfüllbare Träume?

■ Einen Traum zu haben bedeutet nicht automatisch, dass man ihn auch erfolgreich umsetzen kann. Für mich wäre es zum Beispiel ein unerfüllbarer Traum gewesen, mir vorzunehmen, dass ich das entscheidende Tor im Finale einer Fußballweltmeisterschaft schieße und der beste Stürmer der Bundesligageschichte werden würde. Als Stürmer hätte ich nie die Erfolge feiern können wie als Torwart, dafür hätten meine fußballerischen Fähigkeiten vermutlich nicht ausgereicht. Das hat mein Großvater schon sehr früh erkannt – und er lag goldrichtig damit.

Stellt euch doch den Bereich, in dem sich der eigene Traum erfüllen kann, wie den Kegel eines Scheinwerfers vor. Der Scheinwerfer seid ihr, und der Lichtkegel entspricht dem, was ihr könnt, worin ihr richtig gut seid oder was euch einfach nur Spaß macht. Das ist der Bereich, in dem ihr eure Vision finden werdet. Wer außerhalb dieses Lichtkegels nach seiner Vision sucht, tappt automatisch im Dunkeln.

Deshalb ist es ja so wichtig, dass ihr ganz bei euch bleibt, und euch nicht nach dem richtet, was vielleicht gerade in eurem Freundeskreis oder ganz allgemein angesagt ist. Denn nur in euch, in euren Fähigkeiten und Träumen, in eurem »Lichtkegel« liegt das Ziel verborgen, auf das ihr zugehen könnt.

[kurz] gesagt

Es gibt keine zu großen Träume, es gibt nur welche, die nicht unseren Fähigkeiten und Stärken entsprechen. Der Bereich, in dem die Träume liegen müssen, damit man sie auch verwirklich kann, ist wie der Kegel eines Scheinwerfers im Dunklen. Eure Fähigkeiten liegen genau in dem Bereich, der ausgeleuchtet ist!

Die Macht der Fantasie

■ Ihr merkt: Es ist wichtig, sich Gedanken zu machen und dabei auch die Fantasie spielen zu lassen, wenn es um eure Zukunft geht. In Gedanken könnt ihr zu jedem beliebigen Punkt eures Lebens reisen und euch in den schönsten Farben ausmalen, was dann passieren wird. Auch wenn es später vielleicht anders kommt, ist es entscheidend, dass ihr ein Bild dessen vor Augen habt, was einmal aus euch werden soll oder was ihr in einem bestimmten Bereich schaffen wollt.

Vielleicht möchtet ihr ein berühmter Sänger oder eine berühmte Sängerin werden. Ihr reist durch die ganze Welt und steht auf der Bühne vor Tausenden von Menschen, die euch zujubeln. Stellt euch vor, wie es sich anfühlen wird, wenn all die Menschen euren Namen rufen. Denkt nur an Lena Meyer-Landrut, die fest daran geglaubt hat, eines Tages die Chance zu bekommen zu zeigen, wie gut sie singen kann. Wahrscheinlich hat sie nur in ihren kühnsten Träumen daran gedacht, einmal auf Platz 1 der Single-Charts zu stehen. Aber dass sie das gleich im ersten Anlauf schafft? Und dass sie tatsächlich Deutschland beim European Song Contest in Oslo vertritt und dann auch noch gewinnt? Ihr persönlicher »Satellite« ist ganz schön hoch in den Orbit hinausgeschossen!

Oder ihr träumt davon, ein Model zu werden, das an den schönsten Stränden der Welt fotografiert wird. Eure Fotos erscheinen auf den Titelseiten der besten Modemagazine. Die erfolgreichsten Modedesigner reißen sich darum, euch in ihre neuesten Kollektionen zu stecken. Natürlich schafft es nicht jeder, Popstar oder Model zu werden. Und manchmal ist die Wirklichkeit gar nicht so glitzernd, wie man sie sich in der Fantasie ausgemalt hat. Ein Model muss ein sehr diszipliniertes Leben führen und auf seine Gesundheit achten, ein Popstar ist den Großteil des Jahres unterwegs und sieht seine Freunde nur selten.

Aber das spielt keine Rolle. Wichtig ist, dass ihr in eurer Fantasie eine Vision von dem entwickelt, was ihr am liebsten aus eurem Leben machen wollt. Und wer weiß: Manchmal überholt die Wirklichkeit nämlich sogar den allerschönsten Traum. Also lasst eurer Fantasie freien Lauf.

Ich habe meine Fantasie manchmal richtig angestachelt, weiter am Bild von meinem Traum zu arbeiten. Und habe mir, wie zur Verstärkung, immer wieder das Erlebnis in Erinnerung gerufen, das am Anfang von allem stand. An manchen Samstagen ging ich also auf einen Trainingsplatz in der Nähe des Wildpark-Stadions, während nebenan die Profis spielten. Ich nahm mir einen Ball und veranstaltete mein eigenes Spiel. Ich war Flankengeber, Stürmer und Torwart in einer Person. Dabei stellte ich mir vor, der Lärm, der aus dem Stadioninneren zu mir herüberdrang, gelte mir. Ich befand mich auf einer Ebene mit den Großen, der Unterschied war nur, dass ich allein war auf dem Platz, während nebenan Zigtausende von Zuschauern schrien, jubelten und pfiffen. In meiner Fantasie taten sie das alle meinetwegen. Eines Tages, dachte ich mir nach solchen »Traumspielen«, wird es so weit sein: ein Stadion voller Menschen, zwei Mannschaften – und in einem der beiden Tore stehe ich.

So kamen mit der Zeit zu meiner Vision immer mehr Facetten hinzu, und je konkreter sie in meinem Kopf wurde, umso überzeugter war ich, dass ich es tatsächlich schaffen würde. Es gab für mich überhaupt keinen Zweifel mehr daran. Und weil meine Vision so konkret war und ich so viel Energie aus ihr ziehen konnte, habe ich auch die vielen Rückschläge besser verkraftet, die ich auf dem Weg zu meinem Ziel erlebt habe. Aber davon später mehr.

[kurz] gesagt

Die Fantasie spielt eine große Rolle, wenn es um unsere Zukunft geht. In unseren Gedanken haben wir die Freiheit, sie uns genau so vorzustellen, wie wir sie am liebsten hätten. Je lebendiger und konkreter dadurch die Vision wird, umso mehr wird in euch die Überzeugung wachsen, es schaffen zu können. So lassen sich auch Rückschläge besser verkraften, die auf dem Weg zur Vision lauern.

Denkt nicht daran, was alles schiefgehen könnte!

■ Was passiert wäre, wenn meine Vision irgendwann geplatzt wäre wie eine Seifenblase, kann ich nicht sagen. Es war ja keineswegs sicher, dass alles so klappen würde, wie ich es mir vorgestellt hatte. Vermutlich wäre es nicht einfach gewesen für mich, das zu akzeptieren. Aus heutiger Sicht aber muss ich sagen: Wenn man ein so großes Ziel erreichen möchte, wie ich es mir gesetzt habe, gibt es viele Faktoren, die man selbst nicht beeinflussen kann. Deshalb darf man sich auch nicht aus der Bahn werfen lassen, wenn es nicht klappt. Das ist nicht immer einfach, denn weh tut es trotzdem. Aber man muss unterscheiden lernen zwischen den Dingen, die man selbst in der Hand hat, und denen, auf die man keinen Einfluss hat. Dass man es am Ende wirklich packt, ist nicht nur eine Frage von Können oder Ehrgeiz, sondern auch des Vertrauens darauf, dass es das Schicksal zum richtigen Zeitpunkt gut mit einem meint. Und dass man manchmal im entscheidenden Moment auch eine Portion Glück hat.

Es gibt kein allgemeingültiges Muster für den Erfolg, das immer und bei jedem aufgeht. Ich bin deshalb skeptisch, wenn jemand sagt: »Hey, da gibt es ein Rezept, und wenn du dem folgst, dann wird aus dir auf jeden Fall etwas.« Man muss das etwas anders sehen: Durch Beharrlichkeit, Disziplin und vor allem Spaß an einer Sache schafft man die Grundlagen dafür, dass man zum richtigen Zeitpunkt zeigen kann, was man drauf hat. Und bereitet so auch den Boden dafür, dass das Glück einem in die Hände spielen kann.

Damit das gelingt, muss man seine Vision, vor allem aber den Weg dorthin, gelegentlich ein wenig korrigieren. Denn manchmal spuckt einem das Leben einfach in die Suppe. Wie bei meinem Vater und seiner Verletzung. Natürlich hätte er in diesem Moment die Flinte ins Korn werfen und seinen Traum vom Fußball aufgeben können. Stattdessen hat er sie zum Anlass genommen, seine Ziele etwas anders zu setzen – und trotzdem bei seinem geliebten Fußball zu bleiben. Wenn also mal was schiefgeht, heißt das nicht, dass ihr gleich ganz aufgeben müsst. Vielmehr gilt es gerade in solchen Momenten, flexibel zu bleiben, weiter an sich zu glauben und sich auf seine Stärken zu besinnen. Denn meine Erfahrung auch in diesem Punkt ist: Jeder, der viel investiert, wird viel zurückbekommen. Und jeder, der sich auf dem Weg zu seiner Vision ein Gespür für das bewahrt, wo seine wahren Stärken liegen, wird wahrscheinlich das erreichen, was er sich wünscht. Auch wenn das manchmal bedeutet, mitten auf der Reise den Kurs ein wenig zu korrigieren. Wie damals bei mir: Ich habe mich anfangs ja auch eher als Stürmer in ein Stadion einlaufen sehen – und dann im Tor meine Profikarriere gemacht.

Wenn ihr euch also jetzt auf die Suche nach eurer Vision macht, verschwendet keinen Gedanken daran, was auf dem Weg, der vor euch liegt, alles schiefgehen könnte. Im Gegenteil: Unternehmt in eurem Kopf eine Zeitreise, stellt euch in den schönsten Farben vor, wie sich euer Leben positiv entwickeln und wie es sich anfühlen wird, wenn ihr euren Traum erreicht habt. Kümmert euch nicht darum, welche Hindernisse auf diesem Weg auftauchen können. Stellt euch vor, ihr steuert ein Flugzeug: Wenn ihr als Kapitän in die Maschine steigt, wisst ihr genau, wohin ihr euer Flugzeug steuern müsst. Sagen wir, ihr fliegt von Frankfurt nach New York. Der Flughafen von New York markiert das ganz konkrete Ende des Fluges, und das ist schon in Frankfurt klar, tausende Kilometer davon entfernt. Unterwegs kann es aber trotzdem passieren, dass ihr die Route ändern müsst, etwa, weil sich über dem Ozean Gewitterwolken bilden, die ihr umkurven müsst, oder ein Sturm, dem ihr aus dem Weg fliegen müsst. Umgekehrt müsst ihr aber, egal welchen Umweg ihr auch nehmen müsst, immer darauf achten, dass ihr nicht aus den Augen verliert, wohin die Reise eigentlich gehen soll.

[kurz] gesagt

Es gehören viele Faktoren dazu, um seine Vision zu verwirklichen. Manche davon kann man selbst gar nicht beeinflussen. Eine Vision zu entwickeln ist deshalb längst noch keine Garantie dafür, dass man es auch wirklich schafft. Aber sie ist immer der Anfang von allem. Und wer anschließend viel investiert, wird auch viel zurückbekommen. Manchmal wird es nicht genau das sein, was man sich erträumt hatte. Vielleicht ist das ja sogar besser als das, was man sich zu Beginn des Weges vorgestellt hatte.

Meine

11

für
den
Erfolg

Vision

Jeder, der etwas aus seinem Leben machen möchte, braucht einen großen Traum, dem er folgen kann. Einen solchen Traum nennt man Vision. Um seine ganz persönliche Vision zu finden, muss man sich fragen: Was möchte ich in meinem Leben erreichen, was macht mir Spaß, was kann ich besonders gut? Eine Vision ist keine Garantie dafür, dass man seinen Traum auch verwirklichen kann. Aber sie steht am Beginn eines jeden Weges, der zu einem erfolgreichen, glücklichen Leben führt.

kapitel

02

Wie man sich

Ziele

setzt und den Weg in Etappen einteilt.

[oder]

Warum sich Spaziergänger in Karlsruhe am Sonntagmorgen gegen die Stirn tippten und dachten: »Die haben doch nicht alle Tassen im Schrank.«

Viele glauben ja, dass es in meiner Karriere immer nur einen Weg gab: den nach oben. Das ist aber in etwa so richtig wie die Feststellung, dass ein Torwart Torwart heißt, weil er darauf wartet, dass ein Tor fällt. Die Wahrheit ist: In meiner Jugend musste ich mir oft anhören, dass ich zwar ein ganz guter Torhüter sei, auf keinen Fall aber das Zeug dazu hätte, Profi zu werden oder gar ein berühmter Torwart. Und das nicht nur einmal. Der Kahn, hieß es immer wieder, hat nicht genug Talent. Tatsächlich habe ich als Jugendlicher viele Nachwuchstorhüter erlebt, die begabter waren als ich. Sie waren beweglicher oder kräftiger, manche auch schlicht größer. Mein Körper ist erst relativ spät in die Höhe geschossen. Manchmal hat es mich im ersten Moment natürlich getroffen, wenn man mir sagte, das schaffst du nicht. Aber dann habe ich mich wieder an meinen Traum erinnert und mir gedacht: Niemand wird mich von meinem Weg abbringen. Und ich habe darüber nachgedacht, was ich tun könnte, um meine Defizite zu beheben.

Ich habe meine ganze Fußballjugend beim KSC verbracht, und immer wieder wechselten Spieler in den Verein, die mir vorgezogen wurden. Einige meiner Konkurrenten wurden mit Vorschusslorbeeren regelrecht überhäuft. Zum Beispiel kam eines Tages ein Torhüter aus Stuttgart, von dem es hieß, er sei ein Mega-Talent. »Pass auf, Oliver«, hat man mir gesagt, »da kommt ein Neuer, du rückst von der ersten in die zweite Mannschaft.« »Okay«, habe ich mir gedacht, »dann trainiere ich eben dreimal so viel wie der Neue.« Ein ganzes Jahr lang musste ich in der zweiten Mannschaft ins Tor. Zu Beginn der kommenden Saison war der Neue aus

Stuttgart dann wieder weg – und ich kam wieder in die erste Mannschaft. Ich musste immer mehr arbeiten als andere, um der Beste zu sein. Ich habe mich später natürlich auch gefragt, warum das so war. Aus heutiger Sicht glaube ich, es lag daran, dass meine Konkurrenten oft dachten, ihr Talent allein würde genügen. Das ist aber nicht so: Talent ist etwas sehr Wichtiges, eine Gabe, die man mitbekommen hat. Aber diese Gabe allein nützt nichts, wenn man nicht auch bereit ist, an sich zu arbeiten und immer besser werden zu wollen.

Aber wie funktioniert das eigentlich: immer besser zu werden? Reicht es dafür aus, nur an seinen großen Traum zu glauben? Natürlich nicht. Der große Traum markiert schließlich das Ende des Weges. Wenn man sich nur darauf konzentriert, wo man irgendwann weit in der Ferne ankommen möchte, ist die Gefahr groß, dass man dieses Überziel irgendwann aus den Augen verliert – eben weil es so weit entfernt ist. Das Geheimnis besteht darin, den Weg zur Vision in einzelne Etappenziele zu zerlegen, sodass man immer genau weiß, welchen Punkt man als Nächstes ansteuern kann.

Ahoi, Kapitän Lincoln setzt das Ziel!

■ Beim Stöbern nach guten Vorbildern für diese Strategie der Zwischenziele bin ich auf Abraham Lincoln gestoßen, den Mann, der 1860 zum zwölften Präsidenten der Vereinigten Staaten von Amerika gewählt wurde. Er erfüllte sich damit seinen Traum, obwohl er bis dahin etliche Rückschläge einstecken musste. Oder vielleicht gerade deshalb. Lincoln hat ganze dreißig Jahre gebraucht, um seine Vision Wirklichkeit werden zu lassen. Er scheiterte als Geschäftsmann und verlor Wahlen als Politiker, er erlitt Nervenzusammenbrüche und musste sich immer wieder aufrappeln. Zweimal verfehlte er knapp den Einzug in den Kongress, zweimal scheiterte er im Senat. Auch der Versuch, sich in das Amt des Vizepräsidenten wählen zu lassen, ging daneben. Und heute? Gilt er als einer der erfolgreichsten Präsidenten in der Geschichte der USA.

Lincoln hatte auf seinem Weg immer ein sehr schönes Bild vor Augen: Er stellte sich vor, er sei der Kapitän eines Schiffes. Sein Fernziel war die Flussmündung, die sein Schiff ins Meer entließ; doch während seiner Fahrt orientierte er sich immer nur an bestimmten Punkten am Ufer, die er gerade noch sehen konnte. So bewegte er sich ganz allmählich in Richtung Meer, Punkt für Punkt. Die einzelnen Punkte auf seiner Route waren die Etappenziele, die er sich setzte, um am Ende die Flussmündung zu erreichen, nämlich seine Vision: eines Tages Präsident aller Amerikaner zu sein. Entscheidend für seinen Erfolg war, dass Lincoln die Etappenziele, die er auf seiner Route ansteuerte, immer so wählte, dass sie nicht zu weit weg waren, aber auch nicht so nah, dass er sich bequem zurücklehnen konnte und nichts mehr tun musste.

Das heißt: Wer sich daranmachen möchte, seine Vision zu verwirklichen, wer sein Schiff, auf dem er unterwegs ist, von der Leine lassen möchte, muss seinen Weg in einzelne Etappen aufteilen, an deren Ende jeweils ein klar erkennbares Ziel steht. Diese Zwischenziele dürfen nicht zu hoch angesetzt sein, aber auch nicht zu niedrig. Wer seine Etappenziele zu hoch setzt, läuft Gefahr, beim Versuch, sie zu erreichen, zu scheitern. Das ist wie bei einem Hochspringer, der das Ziel hat, eines Tages einen neuen Weltrekord aufzustellen. Wenn er seine Zwischenziele im Training zu hoch steckt, wird er im wahrsten Sinne des Wortes die Latte immer wieder reißen – und irgendwann den Spaß verlieren und frustriert aufgeben.

Es kommt also genau wie bei Lincoln darauf an, dass ihr »auf Sicht fahrt«; dass ihr euch genau so viel vornehmt, dass ihr euch zwar etwas anstrengen müsst, aber die Chance habt, den nächsten Hafen auch wirklich zu erreichen. Und nicht auf halber Strecke plötzlich SOS funken müsst.

Es gibt zwar den Spruch: »Wer alle seine Ziele erreicht, hat sie nur zu niedrig angesetzt.« Aber ich halte das für Quatsch. Es ist sehr wichtig, dass man die gesetzten Ziele auch tatsächlich irgendwann erreicht – nicht immer und nicht unbedingt alle, man kann an einem Ziel auch einmal scheitern. Aber wenn das immer wieder passiert, wird euch der Frust darüber ganz schön runterziehen. Trotzdem gilt: Ihr könnt euch ruhig ein bisschen herausfordern und euren Ehrgeiz anstacheln. Denkt noch mal an den Hochspringer: Er weiß, dass er, wenn er regelmäßig trainiert, seine Höhe alle paar Monate um, sagen wir mal, drei Zentimeter toppen kann. Wenn er sich dann vornimmt, die Höhe um fünf Zentimeter zu steigern, weiß er natürlich nicht genau, ob er es wirklich packen wird. Und vielleicht scheitert er anfangs auch an dieser Höhe. Aber wenn er es dann schafft, wird er das erleben, was das Erreichen von Zielen so reizvoll macht: Selbstvertrauen, Spaß und eine Menge Befriedigung. Und daraus entwickelt er den Schwung, den er braucht, um das nächste Etappenziel in Angriff zu nehmen.

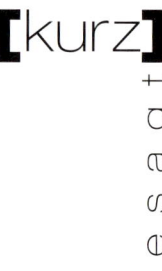

Auf dem Weg zur Vision kommt man am besten voran, wenn man diesen Weg in viele Etappenziele zerlegt. Damit weiß man immer genau, welches Ziel man als Nächstes anpeilen will. Die einzelnen Ziele sollten nicht zu hoch, aber auch nicht zu niedrig angesetzt sein.

Schritt für Schritt voran: die Zielsetzungskette

■ Wenn man das Erreichen seiner Vision in einzelne Schritte unterteilt, die man im Kopf aneinanderreiht, entsteht dabei eine Art gedachte Kette: mit einem Ausgangspunkt, vielen Zwischenpunkten und der Vision am anderen Ende.

Von einem theoretischen Begriff wie Zielsetzungskette hatte ich in meiner Jungend natürlich keine Ahnung. Aber ich habe instinktiv eine solche Kette für mich aufgebaut. Und das könnt ihr auch! Denn jeder weiß, dass man einen Berg nicht mit einem riesigen Satz erklimmen kann. Sondern dass man erst Meter für Meter, Serpentine für Serpentine zurücklegen muss, um dann das gigantische Gefühl auf dem Gipfel zu erleben. Eine solche Zielsetzungskette ist also nichts Abgehobenes, sondern eigentlich völlig logisch.

Mir ist das klar geworden, als ich etwa 15 Jahre alt war. Ich lag in meinem Zimmer und habe über meinen großen Traum nachgedacht. Bis dahin war alles noch ziemlich spielerisch gewesen. Sicher, ich hatte einen Riesenspaß daran, auf dem Platz zu stehen, Fußball war meine absolute Leidenschaft. Aber nun spürte ich, wie die Sache für mich etwas ernster wurde. Wenn mein Traum, eines Tages ein berühmter Torwart zu sein, wahr werden sollte, musste ich dafür gezielt etwas tun. Und ich musste dieser Vision ganz klare Konturen geben. Also begann ich, mir Gedanken darüber zu machen, wo genau ich am Ende stehen wollte und wie ich meine Route dorthin in Etappenziele zerlegen konnte. Und so entstand meine Zielsetzungskette:

- Mit 18 will ich es von den Jugendteams zu den Amateuren des KSC packen.

- Ich will bei einem Bundesligaspiel aufs Feld laufen.

- Ich will mich als Nummer 1 beim Karlsruher Sport-Club etablieren.

- Ich will mit dem KSC in einem internationalen Wettbewerb antreten.

- ■ Ich will zum FC Bayern München wechseln und Deutscher Meister werden.

- ■ Ich will Torwart der Deutschen Nationalmannschaft werden.

- ■ Und eines Tages will ich der beste Torwart der Welt sein.

Jedes meiner Etappenziele war klar definiert. Ich habe sie so formuliert, dass ich genau erkennen konnte, wann ich eines geschafft hatte. Jedes neue Etappenziel baute dabei auf dem vorherigen auf. Und ich wusste immer, was ich für das Erreichen des nächsten Zwischenziels tun musste: regelmäßig trainieren, daran arbeiten, meine Schwächen auszumerzen, und alles dafür geben, besser zu sein als mein Konkurrent.

Jetzt könnt ihr natürlich einwerfen: »Bei mir ist das aber nicht so einfach wie bei Ihnen, Herr Kahn. Für einen Sportler ist es doch immer klar, wie die Ziele definiert sein müssen. Wie aber kann ich meine Ziele festlegen, wenn ich mir zum Beispiel vorgenommen habe, später einen bestimmten Beruf auszuüben?« Und ihr habt recht: Auf den ersten Blick sind die Ziele da tatsächlich nicht so eindeutig zu benennen wie bei mir. Aber wenn ihr einen zweiten Blick riskiert, werdet ihr sehen, dass sich jeder so eine Zielsetzungskette zurechtlegen kann. Stellt euch vor, euer Traum ist es, ein Model zu werden. Von diesem Traum habe ich bei der »ich schaff's«-Tour oft gehört. Und es hat mir großen Spaß gemacht, gemeinsam mit denjenigen, die diesen Traum hatten, eine solche Zielsetzungskette zu knüpfen. Also: Was sind die einzelnen Ziele, die ihr dafür erreichen müsst? Zunächst müsst ihr euch natürlich um euer Aussehen kümmern. Ihr müsst ausreichend schlafen, euch gesund ernähren und Sport treiben, damit ihr fit seid. Dann müsst ihr lernen, euch so natürlich vor einer Kamera zu bewegen, dass es auf den Fotos später nicht gestellt wirkt. Das nächste Ziel ist es, jemanden zu finden, der von euch eine Fotoserie macht, auf die ihr stolz seid und die ihr gern anderen zeigt. Anschließend müsst ihr Erfahrungen sammeln, wie ihr mit dem Stress und der Nervosität eines Castings zurechtkommt. Denn was nützen euch die strahlendste Schönheit und die besten Fotos, wenn ihr bei einem Casting dann plötzlich Nervenflattern bekommt? Und dann müsst ihr am Ende eine Modelagentur finden, die eure Fotos und eure Ausstrahlung so toll findet, dass sie euch in ihre Kartei aufnimmt.

Oder ihr habt den Traum, später als Reitlehrer zu arbeiten – auch das war ein Beispiel, das ich gemeinsam mit Schülern besprochen habe: Natürlich müsst ihr erst mal das Reiten lernen. Das heißt, ihr müsst einen Reiterhof in eurer Umgebung finden, bei dem ihr regelmäßig Reitstunden nehmen könnt. Vielleicht sagen eure Eltern ja, dass ihr euch diese Stunden selbst finanzieren müsst. Also könnt ihr zum Beispiel im Stall beim Ausmisten helfen oder bei der Pflege der Pferde. Das bedeutet aber auch, dass ihr gelegentlich am Sonntagmorgen im Pferdemist stehen müsst, wenn es draußen kalt und regnerisch ist und eure Freunde noch im warmen Bett liegen. Wenn ihr irgendwann gut genug seid, könnt ihr an Turnieren teilnehmen, um euch mit anderen Reitern zu messen und zu zeigen, was ihr gelernt habt. Dann müsst ihr, wenn ihr alt genug seid, eine Ausbildung zum Reitlehrer beginnen, um die Grundlagen für diesen Beruf zu lernen. Und am Ende müsst ihr einen Reiterhof finden, der euch als Reitlehrer einstellt.

Ihr seht, die Sache ist also gar nicht so abstrakt, wie sie auf den ersten Blick scheint. Wichtig ist dabei immer, das wiederhole ich gerne gebetsmühlenartig, dass man die lange Strecke, die vor einem liegt, in so viele Teile zerlegt, dass die Etappen nicht zu kurz und nicht zu lang sind. Und dass man jeweils ein Ziel definiert, von dem man sagen kann: Ich werde mich anstrengen müssen, um es zu schaffen, aber ich bin überzeugt davon, dass ich es kann.

Dass ihr beim Knüpfen eurer Zielsetzungskette richtig vorgeht, merkt ihr daran, dass ihr euch selbst die folgenden Fragen beantworten könnt:

- Wo will ich hin? (Vision)

- In welche Zwischenschritte kann ich den Weg dorthin unterteilen?

- Sind die Schritte klein genug, dass ich sie bewältigen kann, und groß genug, dass sie mich fordern?

- Bauen sie aufeinander auf?

- Womit kann ich anfangen?

- Was muss ich ganz genau dafür tun, um ein Zwischenziel zu erreichen?

■ Ist das, was man dafür tun muss, eine konkrete Handlung?

■ Und woran merke ich, dass ich das Ziel erreicht habe?

Wenn ihr auf diese Weise die Etappen auf dem Weg zu eurer Vision festgelegt habt, schreibt am besten jede einzelne auf einen Zettel und bewahrt sie an einem besonderen Ort auf. Mir hat es immer sehr geholfen, meine Ziele schwarz auf weiß vor mir zu sehen. Und was mir besonderen Spaß gemacht hat, war, das erreichte Zwischenziel auf der Liste abhaken zu können.

»Haltet mich ruhig für verrückt!«

■ Mein erstes Etappenziel auf meiner Zielsetzungskette lautete also: Ich will den Sprung von den Jugendmannschaften zu den Amateuren schaffen. Dabei waren die Voraussetzungen dafür, wie soll ich sagen, nicht gerade günstig. Denn wie schon erwähnt: Ich war nicht unbedingt das Megatalent. Man traute mir einfach wenig zu. Ich musste daher immer wieder damit zurechtkommen, dass man mir ein großes STOPP-Schild vor die Nase hielt. Mit 15 zum Beispiel wurde ich aus der Kreisauswahl Karlsruhe ausgemustert, weil ich als »zu klein« und »zu schwach« galt. Ein Jahr später rutschte ich beim Karlsruher Sport-Club aus der B1, weil damals besagtes Supertalent aus Stuttgart kam. Und mit 17 durfte ich nur in der zweiten Mannschaft der A-Jugend ran, weil man mich für die erste schlicht für nicht gut genug hielt.

Um mein erstes Ziel auf meinem Zettel abzuhaken, den Sprung zu den Amateuren, blieb mir also keine andere Möglichkeit als trainieren, trainieren und nochmals trainieren. Regelmäßig und diszipliniert, auch zu Zeiten, zu denen sich andere noch mal gemütlich im Bett umdrehten, zum Beispiel an Sonntagvormittagen. Da ging ich dann zu meinem Vater ins Schlafzimmer, weckte ihn und sagte: »Auf, Papa, Training!« Manchmal murmelte er etwas von »Bei dem Wetter? Um die Uhrzeit?« oder so ähnlich, aber ich blieb hartnäckig. Mit dem Fahrrad fuhren wir auf einen Platz auf dem Gelände des Wildpark-Stadions, den es heute noch gibt, es ist der Fußballplatz der Universität. Er liegt etwas abseits, nur die Fußgänger, die im Park nebenan spazieren gehen, können sehen, was dort passiert.

Eineinhalb Stunden lang schlug mein Vater Flanken, die ich aus der Luft holen musste. Er warf mir die Bälle zu und feuerte Schüsse auf mein Tor ab. Manchmal glühten mir die Oberschenkel vor Anstrengung, und die Hände taten mir weh. Das Einzige, was mich in solchen Momenten vor dem Aufgeben bewahrte, war, dass ich ein klares Ziel vor Augen hatte: Ich wollte den Sprung in die Amateurmannschaft schaffen, und das würde ich nur packen, wenn ich dafür härter und intensiver trainieren würde als jeder andere Torwart im Universum – zumindest aber im Raum Karlsruhe. Immer wieder kam es vor, dass uns die Spaziergänger beobachteten nach dem Motto: »Guck dir mal diese beiden Verrückten an!« Und wenn es regnete oder der Boden vereist war, kam es schon mal vor, dass uns jemand einen Vogel zeigte. Dann dachte ich mir: »Jaja, haltet uns nur für verrückt, ich weiß genau, was ich hier tue. Ich habe ein Ziel, und ich werde alles dafür tun, um es zu erreichen.« Das Gefühl, nach einer solchen Einheit mittags völlig verschwitzt und müde zu Hause anzukommen, war fantastisch: Meine Muskeln taten weh, manchmal hatte ich vom vielen Mich-auf-den-Boden-Schmeißen blaue Flecken. Aber ich hatte das Gefühl, meinem Ziel wieder ein Stück näher gekommen zu sein.

[kurz] gesagt

Wer ein klares Ziel vor Augen hat, weiß genau, was er tun muss, um es zu erreichen. Auch in den Momenten, in denen es anstrengend wird, kann man sich immer wieder zum Durchhalten motivieren, wenn man sein Ziel im Blick behält.

Mit kleinen Schritten geht es auch voran

■ Ich war von früh an ein ziemlich ehrgeiziger Typ; das liegt wahrscheinlich auch daran, dass meine Eltern sich alles erarbeiten mussten. Ihnen wurde nichts geschenkt, und deshalb haben sie auch mir immer wieder klargemacht, dass man bereit sein muss, sich anzustrengen und sich manchmal sogar ein bisschen zu quälen, wenn man etwas erreichen möchte. Aber es ist eine Sache, wenn man so etwas gepredigt bekommt, und eine andere, wenn man diese Erfahrung selbst macht. Auch ich musste erst begreifen, dass man oft Disziplin und seinen ganzen Willen aufbringen muss, um ein Ziel zu erreichen. Was mir dabei sehr geholfen hat, war Sport. Nicht nur weil ich einfach gern Fußball gespielt habe, sondern weil der Sport noch einen anderen Zweck erfüllte.

Ja, ja, werdet ihr euch jetzt denken: Sport ist gesund. Wer sich viel an der frischen Luft bewegt, bleibt fit. Und so weiter und so fort. Aber ich kann euch sagen: Ich selbst war als Jugendlicher körperlich nicht gerade in optimaler Verfassung und musste viel dafür tun, damit ich einigermaßen in Form blieb. Natürlich hat mir die Bewegung in dieser Hinsicht nicht geschadet; aber darum geht es mir jetzt nicht. Als Jugendlicher habe ich vom Sport vor allem auf eine andere Weise profitiert: Er hat mich auf eine spielerische Weise darin geschult, mir Ziele zu setzen und nicht aufzugeben, bis ich sie erreicht hatte. Und er hat mich gelehrt, dass es die kleinen Schritte sind, auf die es ankommt.

Wie sehr habe ich es geliebt, wenn es im Jugendtraining hieß: »Jungs, heute machen wir einen Waldlauf!« Ich war verrückt danach, genauso verrückt wie nach zehn Stunden Mathematik am Stück. Im Ernst: Waldläufe waren das Schlimmste für mich! Aber ich musste da durch, genau wie die anderen. Es war qualvoll, weil ich immer nur daran gedacht habe, wie verdammt lange dieser Waldlauf noch dauerte und wie endlos weit die Strecke war, die vor mir lag. Ich habe im wahrsten Sinne den Wald vor lauter Bäumen nicht mehr gesehen, weil ich immer nur das Ganze vor Augen hatte, das mir schier unüberwindlich vorkam. Eines Tages habe ich während eines solchen Waldlaufs angefangen, mir kleine Ziele zu setzen. Ich sagte mir: »Ich werde nicht eher stehen bleiben, bis ich diesen einen Baum erreicht habe. Keinen Meter vorher!« Und das habe ich dann auch gemacht: Ich bin bis zu genau diesem Baum gerannt, da konnte mein Körper noch so sehr aufstöhnen, ich bin einfach nicht stehen geblieben. Der Moment, als ich den Baum dann endlich erreicht hatte, war unvergleichlich. Ich war nicht nur stolz darauf, es geschafft zu haben. Sondern ich habe auch festgestellt, dass es gar nicht sooo schwer gewesen war, diesen Baum zu erreichen.

So sehr ich diese Läufe verabscheut habe, so sehr habe ich danach das Gefühl genossen, das selbst gesteckte Ziel auch tatsächlich erreicht zu haben – weil ich meinen inneren Schweinehund überlistet hatte. Ihr kennt das ja sicher von euch auch: Dieser Schweinehund kläfft manchmal ziemlich laut. Weil er bequem ist und nie um Ausreden verlegen, weil er weder Anstrengung noch Veränderungen mag. Aber das Gefühl, wenn er dann mal die Klappe hält, ist unbeschreiblich. Für mich wurde es zu einer richtigen Sucht, dieses Gefühl immer wieder zu erleben. Diese Sucht hat bis heute angehalten. Um einen Ausgleich zum Fußball zu finden, habe ich irgendwann mit Golfspielen angefangen. Und es kommt noch heute vor, dass ich mich dabei benehme wie der kleine Kerl, der damals durch den Wald gerannt ist: Ich stehe an einem Loch und setze mir das Ziel, diesen Golfball jetzt zu versenken. Da kann der Platz um mich herum noch so schön und das Wetter noch so traumhaft sein. Auf einmal richtet sich mein ganzer Ehrgeiz auf diesen kleinen Ball und das Loch, in dem er gleich verschwinden soll. Manchmal muss ich dann selbst über mich lachen, weil ich mir denke: »Spinnst du eigentlich? Jetzt genieß doch einfach diesen schönen Tag und lass mal locker.« Ich weiß natürlich, dass man gerade beim Golfen eine gewisse Ruhe und Gelassenheit braucht, aber diese Lust, mir Ziele zu setzen und sie auch zu erreichen, steckt so tief in mir drin, dass sie einfach gestillt werden will.

Der Sport ist ein tolle Möglichkeit, sich selbst darin zu trainieren, Ziele zu setzen und auch zu erreichen. Viele Menschen, die es geschafft haben, etwas aus ihrem Leben zu machen, haben mir erzählt, wie sehr ihnen der Sport dabei geholfen hat. Probiert es einfach mal selbst aus: Setzt euch zum Beispiel das Ziel, eine bestimmte Anzahl an Liegestützen zu schaffen, eine gewisse Strecke zu laufen oder zu radeln. Noch besser, als es allein zu versuchen, ist es, sich gemeinsam mit anderen Ziele zu setzen. Denn wenn man mit Freunden trainiert, fällt es viel leichter, den Schweinehund zu überwinden. Irgendwann werdet ihr merken, wie sich die Lust, die dabei entsteht, auch auf andere Bereiche eures Lebens überträgt. Ich war ein eher mittelmäßiger Schüler, aber der Sport hat mir gezeigt, dass es sich lohnt, auch im Unterricht »am Ball« zu bleiben. Weil ich erlebt habe, dass es etwas bringt, wenn man einen langen Weg in Etappen einteilt; weil man sich so zwischendurch mit Erfolgserlebnissen belohnen kann, wenn man ein Ziel erreicht hat. Also nahm ich mir etwa vor, an jedem Tag eine bestimmte Anzahl von Vokabeln zu lernen. Und ich erlaubte mir erst dann, vom Schreibtisch aufzustehen, wenn ich dieses Ziel erreicht hatte. Damit wurde ich zwar nicht zu einem Einser-Kandidaten – und auch nicht zum größten Waldläufer unter der Sonne –, ich war aber immerhin so gut, dass ich in der Schule keine allzu großen Probleme hatte.

Wer partout keine Lust auf Sport hat, kann sich natürlich in anderen Bereichen im Zielsetzen trainieren, etwa der Kunst, der Musik oder dem Handwerk. Nehmt euch vor, erst dann mit dem Üben aufzuhören, wenn ihr ein Ziel erreicht habt. Und vergesst nicht, euch dafür zu belohnen, wenn ihr das geschafft habt.

Im Sport kann man auf spielerische Weise trainieren, wie man sich Ziele setzt und sie auch erreicht. Wer damit nichts am Hut hat, kann sich andere Bereiche suchen, in denen er weiterkommen möchte. Wenn man ein Ziel erreicht hat, setzt das so viel Energie frei, dass sie beinahe automatisch auf andere Bereiche des Lebens ausstrahlt.

»Oli, was ist?
Sollen wir aufhören?«

■ Mein 18. Geburtstag war ein wichtiger Wendepunkt in meinem Leben. Nicht nur weil ich damit erwachsen war und Auto fahren durfte – bis dahin hatte ich auf einem klapprigen Mofa den Karlsruher Verkehr unsicher gemacht –, sondern auch weil ich alt genug war für den Sprung zu den Amateuren. Kurz vor meinem Geburtstag kam Rainer Ulrich zu mir, der als Co-Trainer der Profis auch für die Amateurmannschaft verantwortlich war, und eröffnete mir, dass ich von nun an zum Kader der Amateure gehören würde. Und zwar nicht nur, weil auf dem Papier die 18 prangte, sondern weil ich gute Leistungen gezeigt hatte. Ich hatte mein erstes Etappenziel erreicht! Ich gehörte jetzt zu den Großen – auch wenn ich unter ihnen der Jüngste war.

Mit mir wechselte damals ein anderer sehr guter junger Torwart zu den Amateuren. Er hieß Stefan und war der Sohn von Rudi Wimmer, einer wahren Legende, die beim Karlsruher Sport-Club zwanzig Jahre lang im Tor gestanden hat. Dieser Umstand machte mein nächstes Ziel fast noch schwerer erreichbar als das erste: einmal von Beginn an bei einem Bundesligaspiel zwischen den Pfosten zu stehen. Denn Stefan und ich lieferten uns um diese große Chance einen heißen Konkurrenzkampf.

Auch für Stefan galt, was für viele andere meiner Konkurrenten vorher gegolten hatte: Er war talentierter als ich. Damit musste ich mich arrangieren. Es war immer klar, dass, wenn überhaupt, nur einer von uns beiden den Sprung von den Amateuren zu den Profis schaffen konnte. Es war ein harter, aber fairer Wettbewerb zwischen uns, und ich wusste, ich würde ihn nur für mich entscheiden können, wenn ich das Weniger an Talent durch ein Mehr an Ehrgeiz würde ausgleichen können. Rainer Ulrich und Winnie Schäfer, der Cheftrainer der Profis, sagten uns, dass wir uns fürs Erste abwechseln würden. Vier Wochen lang stand der eine im Tor der Amateurmannschaft, der andere war der Ersatzmann bei den Profis, danach wurde getauscht. Wir wussten aber beide, dass die Entscheidung immer näher rückte, wer auf Dauer der zweite Mann bei den Profis werden würde. Eines Nachmittags war es so weit: Unser Trainer Winnie Schäfer setzte eine Einheit nur für uns beide an – eine Art Entscheidungsschießen.

Schäfer hatte sich eine bestimmte Anzahl Bälle an der Strafraumkante zurecht gelegt und fragte uns beide gleich zu Beginn, wie oft er wohl ins Tor treffen würde. »Drei Mal«, meinte Stefan. Ich sagte: »Kein einziges Mal, Herr Schäfer.« Ich wollte ihm damit demonstrieren, dass ich keine Angst vor dieser Situation hatte. Das war natürlich nicht die ganze Wahrheit, ich war ziemlich nervös. Aber ich wollte nicht nur ihm und Stefan gegenüber keine Schwäche zeigen, sondern auch mir selbst gegenüber. Jetzt ging es einfach um alles!

Stefan war als Erster dran, er hielt manche Bälle, andere nicht. Als er fertig war, lagen die Fußbälle weit verstreut im Tor und darum herum. Jetzt war ich an der Reihe: Ich stellte mich ins Tor und sah herausfordernd in Richtung des Trainers. Der sagte ganz trocken: »Und, Oli, soll ich die Bälle jetzt selbst holen? Hat das dein Trainer in der A-Jugend auch so gemacht?« Also machte ich mich auf die Socken, sammelte brav die Bälle ein und spielte sie ihm zu. Dann nahmen wir unsere Positionen ein: ich im Tor, der Trainer an der Strafraumkante, bewaffnet mit gut einem Dutzend Bällen. Wie bei einem Duell in einem Westernfilm standen wir uns gegenüber.

Schäfers allererster Schuss ging gleich ins Kreuzeck, ich hatte keine Chance, meine mutige Prognose war bereits geplatzt. Ich lag am Boden und dachte mir: »So ein Sch…, war's das jetzt?« Der Trainer sah mich lächelnd an und fragte: »Oli, was ist? Sollen wir aufhören?« »Auf gar keinen Fall«, antwortete ich und sprang auf meine Beine. Jetzt brannte mein Ehrgeiz lichterloh. Ich biss mir vor Wut auf die Zähne, so heftig, dass man es knirschen hörte. Ich hatte mich doch nicht durch all die Jugendjahre gequält und mir sonntags von meinem Vater die Bälle um die Ohren schießen lassen, um jetzt in diesem Moment aufzugeben! Ich stürzte mich in jeden Ball, als wäre es der entscheidende bei einem WM-Finale. Ich war wie im Rausch. Als alle Bälle verschossen waren und Schäfer schon die Oberschenkel weh taten vom vielen Schießen, war ich es, der ihm eine Frage stellte. Sie lautete: »Und, Herr Schäfer, können wir nicht noch weitermachen?«

Am nächsten Tag kamen er und Ulrich zu uns in die Kabine. Es war totenstill, als Schäfer sagte: »Stefan, es tut mir leid – wir haben uns für Oli entschieden.« Ich hatte das Rennen tatsächlich gewonnen. Ich kann heute nicht mehr sagen, wie oft ich bei diesem Entscheidungsschießen hinter mich greifen musste; ich denke, entscheidend war auch weniger die Anzahl der Bälle als die Einstellung, mit der ich an die Sache herangegangen war. Dass ich alles dafür gegeben hatte weiterzukommen, obwohl gleich der erste Schuss ins Netz gegangen war.

Rainer Ulrich, von 1986 bis 1994 Co-Trainer des KSC und Cheftrainer der Amateure

Ich war als Co-Trainer von Winnie Schäfer auch verantwortlich für die beiden Torhüter, ich habe regelmäßig mit Stefan und Oliver trainiert. Was Oliver von Beginn an ausgemacht hat, war sein Ehrgeiz. Er kam zu den Amateuren und sagte: Ich will hier die Nummer 1 werden. Dieses Ziel hat er ganz konsequent verfolgt. Es gab Tage, an denen hat er dreimal trainiert. Zuerst mit den Profis, dann bei den Amateuren und zum Schluss im Kraftraum. Und wenn wir sonntags mit den Amateuren spielten und Oliver das Gefühl hatte, er sei zu wenig gefordert worden, dann kam es gelegentlich vor, dass ich in die Kabine kam und fragte: »Wo ist der Oliver?« Da war er bereits auf dem Weg ins Fitnessstudio, um seine Muskeln zu trainieren.

Er hatte eine Besessenheit, die ich nie zuvor und nie wieder danach bei einem Menschen erlebt habe. Er hat immer mehr trainiert als seine Konkurrenten. Deshalb haben wir uns damals für ihn entschieden. Und nur deshalb ist aus ihm auch später das geworden, was aus ihm geworden ist: nicht weil er so talentiert gewesen wäre, sondern weil er immer klare Ziele hatte und keine Ruhe gab, bis er sie erreicht hatte.

Vier Tore und kein Halleluja!

■ Einen dicken Haken konnte ich auf meiner Liste machen: Ich war die Nummer 1 bei den Amateuren! Bei den Profis war ich nach meiner Zeit als »Dritter Mann« inzwischen die offizielle Nummer 2 hinter Stammtorwart Alexander Famulla geworden. Jetzt brauchte ich nur noch etwas Geduld, dann würde ich mein erstes Bundesligaspiel bestreiten dürfen. Am 27. November 1987 war es so weit, ich feierte meine Premiere als Bundesligatorwart. Aber was für eine! Es war eines dieser Spiele, das man nicht geschenkt haben möchte.

Wir waren erst wenige Monate zuvor von der zweiten in die erste Bundesliga aufgestiegen und mussten auswärts beim 1. FC Köln antreten, damals Tabellenzweiter und im Spiel gegen uns haushoher Favorit. Für die Fahrt nach Köln bekam ich schulfrei. Zu meiner Chance war ich gekommen, weil ich gegen Alexander Famulla eingewechselt wurde. Uns war klar, dass es an diesem schmuddeligen Freitagabend fast unmöglich sein würde, gut abzuschneiden. Und es kam tatsächlich so schlimm, wie wir es befürchtet hatten, wir wurden ordentlich an die Wand gespielt.

Nach nicht einmal einer halben Stunde musste ich zum ersten Mal den Ball aus dem Netz holen, weitere Gegentore folgten. Zu allem Überfluss verhängte der Schiedsrichter kurz vor Schluss noch einen Elfmeter gegen mich. Ich war aus dem Tor gestürmt, um einen Ball zu erwischen. Der Stürmer fiel, obwohl ich ihn gar nicht berührt hatte. Am Ende verloren wir 0:4. So hatte ich mir mein Debüt als Bundesligaprofi nicht gerade vorgestellt.

Nach dem Spiel hielt uns der Trainer eine lange Kabinenpredigt, er faltete uns richtig zusammen. Ich kam einigermaßen ungeschoren davon, man bescheinigte mir, dass mich an den Gegentoren keine Schuld traf. Innerlich war ich natürlich enttäuscht darüber, dass ich bei meiner Bundesligapremiere, von der ich so lange geträumt hatte, gleich vier Gegentore kassierte. Aber ich riss mich zusammen und sagte einem Reporter des Fußballmagazins *kicker* nach dem Spiel: »Ich bin ganz zufrieden. Und der Elfmeter war nie im Leben einer. Ich habe den Gegenspieler doch gar nicht berührt, sondern nur den Ball gespielt.«

Für einen 18-Jährigen war das eine ganz schön mutige Aussage nach einem solchen Spiel, und wahrscheinlich haben sich damals viele gewundert über das Selbstbewusstsein dieses jungen Kerls. Aber sie wussten ja nicht, wie lange ich für diesen Moment gerackert hatte – und wie es wirklich in mir aussah. Denn ich dachte noch sehr lange über dieses Spiel nach. War ich tatsächlich schuldlos an den Toren? Hätte ich besser reagieren können? Ich ging nach Gegentoren immer sehr hart mit mir ins Gericht, auch später. Wenn mir ein Fehler passierte, kam es vor, dass ich stundenlang bei meinen Eltern oder in meiner eigenen Wohnung auf dem Sofa lag und mich über mich ärgerte. Nach meinem Debüt gegen Köln war ich erst beruhigt, als auch mein Vater, der mein schärfster Kritiker war, mir sagte, dass mich an den Toren keine Schuld traf.

Das änderte allerdings nichts daran, dass auch mein zweites Bundesligaspiel eine Woche später voll in die

Hosen ging. Ich durfte nach meiner Premiere gleich noch einmal ins Tor, diesmal spielten wir zu Hause gegen den Tabellenführer Werder Bremen – und wir verloren 0:2. Mein Pech war, dass ich meine beiden ersten Bundesligaspiele ausgerechnet gegen die beiden Tabellenführer bestreiten musste. Interessiert hat das kaum jemanden, denn danach hieß es über mich: »Der Kahn ist vielleicht ein guter Torwart für die Amateure, aber ganz bestimmt nicht für die Profis.« »Wartet nur ab«, dachte ich mir, »meine Zeit wird noch kommen.«

[kurz] gesagt

Auch wer mit Leidenschaft auf ein Ziel hinarbeitet, ist nicht davor geschützt, dass etwas schiefgehen kann. Lasst euch davon nicht aus der Ruhe bringen, sondern haltet weiter an eurem gesteckten Ziel fest.

Der Sprung über die Schranke

■ Ihr seht, ich war kein Torwart, der sich nur zwischen die Pfosten stellen musste und dem dann die Bälle nur so in die Hände fielen. Im Gegenteil: Es war für mich immer mit großen Anstrengungen verbunden, meine

Ziele zu erreichen. Oft genug musste ich mir anhören: »Du willst mal Bundesligaprofi werden? Vergiss es!« Aber ich habe nie aufgehört, an mich und meinen großen Traum zu glauben und daran, dass ich meine Ziele würde erreichen können. Lasst euch deshalb beim Verfolgen eurer Ziele nicht entmutigen von Leuten, die zu euch sagen: »Versuch's erst gar nicht, das schaffst du doch sowieso nicht.« Oder: »Das ist viel zu schwer für dich!« Solche Sätze muss man sich gerade als Jugendlicher oft anhören. Sie sind wie große Schranken, die einem den Weg versperren wollen.

Man hat dann zwei Möglichkeiten: Entweder setzt man sich an den Straßenrand und wartet darauf, dass die Schranke irgendwann von allein nach oben geht. Oder man denkt sich: »Dann klettere ich einfach drüber!« Ich habe mich immer für die zweite Möglichkeit entschieden. Und ihr könnt euch wahrscheinlich vorstellen, was es jedes Mal für Energien in mir freigesetzt hat, wenn ich eine solche Schranke überwunden und ein Ziel erreicht hatte. Zum einen, weil das ein wichtiger Indikator dafür war, dass ich auf dem richtigen Weg war. Ich wusste, dass die Route noch stimmte. Und zum anderen, weil es mich jedes Mal stolz und glücklich machte, wenn eine Etappe erfolgreich abgeschlossen war. Gerade weil es oft so lange gedauert hat, bis ich ein Ziel erreicht hatte. Und ganz nebenbei: Kritiker und Schrankenwärter überzeugt man am allerbesten mit Taten.

Trotzdem habe ich mich während meiner Karriere manchmal gefragt, ob ich ein Ziel, das ich mir gesteckt hatte, auch wirklich würde erreichen können. Nicht nur am Anfang, sondern auch später noch, etwa als es darum ging, ob ich Torwart der Nationalelf werden konnte. Ich war zwar tief in meinem Inneren überzeugt davon, es schaffen zu können. Ich konnte mir aber nie ganz sicher sein, ob es auch wirklich klappen würde.

Solche Gedanken sind übrigens nicht nur menschlich, sie sind auch wichtig; denn so kann man zwischendurch immer mal wieder seine Selbsteinschätzung überprüfen und das ein oder andere Zwischenziel neu ausrichten. Solange man die Vision im Auge behält, wird man den Weg auch weitergehen. Und wenn man wieder ein Zwischenziel erreicht hat, stellt man im Nachhinein fest: »Eigentlich war das doch gar nicht so schwer. Dann kann ich jetzt auch gleich das nächste Ziel in Angriff nehmen.«

Mein Ausflug in die Bundesliga endete bereits nach zwei Spielen. Alexander Famulla kehrte ins Tor zurück, ich musste auf die Ersatzbank und stand wieder bei den Amateuren zwischen den Pfosten. Das war allerdings keine allzu große Überraschung für mich, denn ich wusste, dass ich noch nicht so weit war, um dauerhaft die Nummer 1 bei den Profis zu werden. Und so verbrachte ich die folgende Zeit damit, noch härter zu trainieren. Ich wusste ja wofür.

Mein nächstes Ziel lautete schließlich: Ich will die Nummer 1 bei den Profis werden. Auf meiner Zielsetzungskette waren erst zwei Punkte abgehakt, fünf waren noch offen. Da sollte ich jetzt schon aufgeben? Das kam überhaupt nicht infrage.

[kurz] gesagt

Überprüft zwischendurch immer mal wieder, ob eure Zielsetzungskette noch stimmt. Wenn ihr euch gut einschätzen könnt und eure Vision fest im Auge behaltet, werdet ihr auch den Mut finden, Ziele anzupacken, die anfangs fast unerreichbar scheinen. Aber manches, das euch anfangs schwer vorkam, wird sich im Nachhinein als viel einfacher herausstellen, als ihr dachtet.

Meine

11

für
den
Erfolg

02

Ziele

Ziele sind wichtige Orientierungspunkte auf dem Weg zur Vision. Sie geben die Richtung vor und unterteilen die Strecke in einzelne Etappen. Damit ist immer klar, welches Ziel man als Nächstes anpeilen kann. Jedes erreichte Ziel ist ein wichtiger Indikator dafür, dass man noch in der Spur ist, und bringt so viel Selbstvertrauen, dass ihr das nächste Ziel mit jeder Menge Power in Angriff nehmen könnt.

kapitel

03

Warum es so wichtig ist, den

1. Schritt

zu
machen.

[oder]

Der Beginn meiner
Fußball-Karriere als
Weitrechtsaußen.

Bislang drehte sich dieses Buch darum, wie man eine Vision findet und wie man den Weg dorthin in einzelne Etappen unterteilt. Einen ganz wichtigen Punkt haben wir dabei allerdings ausgeklammert: nämlich wie ihr eine ganz entscheidende Hürde überwinden könnt. Diese Hürde wartet auf jeden, der sich Gedanken über seinen Traum und die Zwischenziele auf dem Weg dorthin gemacht hat. Und diese Hürde heißt: Anfangen! Den ersten Schritt machen und handeln! Denn wer nicht losgeht, wird auch nirgends ankommen. Und weil diese Hürde nicht so leicht zu nehmen ist, möchte ich euch einen ganz besonderen Typen vorstellen. Jeder kennt ihn, denn es gibt ihn nicht zu knapp. Es ist der »Hätte-ich-doch-nur«-Typ.

»Was für eine sonderbare Bezeichnung«, werdet ihr euch jetzt womöglich denken. Aber dieser Typ ist ja auch ein sonderbarer Mensch. Er ist jemand, der mit sich und der Welt immer ein bisschen unzufrieden ist. Denn er hat ein großes Problem: Er weiß immer erst hinterher, dass er etwas bestimmt ganz toll hinbekommen hätte, egal was, wenn er es nur versucht hätte. Hat er aber nicht. Der »Hätte-ich-doch-nur«-Typ spricht immer nur davon, etwas unternehmen zu wollen, er tut es aber nie. Er wartet lieber ab, bis es dafür zu spät ist, und jammert dann ausgiebig über die vertane Chance. Das ist seine Masche. Die macht ihn zwar nicht glücklich, sie ist aber definitiv die bequemste Lösung. Denn er muss ja nur dasitzen und dabei zusehen, wie die Zeit vergeht. Dann steht er auf, stellt fest, dass es jetzt aber wirklich definitiv zu spät ist, um anzufangen, schlägt sich mit der Hand gegen die Stirn und sagt: »Ach, hätte ich doch nur ...« Und so kam er zu seinem Namen.

Schaut euch mal um: Ihr seht ganz bestimmt irgendwo so einen Typen. Die ganze Welt ist voll von ihnen. Man trifft sie in der Schule, im Freundeskreis, im Beruf, einfach überall. Meine Devise war immer, mich möglichst fernzuhalten von diesen Leuten. Denn ich wollte nie so werden wie sie. Ich wollte mir nicht eines Tages selbst den Vorwurf machen, dass ich viel mehr hätte erreichen können, wenn ich nur irgendwann einmal damit angefangen hätte zu handeln anstatt nur davon zu sprechen. Ein Mensch, der sich irgendwann hätte sagen müssen: »Ach, hätte ich doch nur …«

Handeln oder nicht – das ist keine Frage!

■ Wir sind nun bei einem ganz entscheidenden Schritt angekommen auf unserem gemeinsamen Weg, und das meine ich ganz wörtlich. In diesem Kapitel möchte ich euch erklären, wie man nach all dem Sinnieren über Visionen und Ziele irgendwann damit beginnen kann, etwas zu tun. Es geht darum, wie man sich einen Ruck gibt und den ersten Schritt macht. Das klingt einfacher, als es tatsächlich ist. Denn Gründe gibt es genug, warum man nicht oder noch nicht mit dem Handeln beginnen kann. Man hat Angst davor, der Herausforderung nicht gewachsen zu sein, man kann sich nicht überwinden, es einfach mal zu probieren. Der innere Schweinehund kläfft mal wieder so laut, dass man sich aufs Bett legen und darauf warten möchte, bis er wieder Ruhe gibt. Es gehört eine ordentliche Portion Mut und Überwindung dazu, den ersten Schritt zu tun.

Viele scheitern deshalb genau an diesem Punkt: Sie haben für sich eine Vision gefunden, was sie aus ihrem Leben machen wollen. Sie haben sich Gedanken darüber gemacht, wie die richtigen Zwischenziele aussehen können. Und dann fehlt ihnen plötzlich der Mut, einfach anzufangen. Mein Etappenziel für dieses Kapitel lautet daher, euch die Angst vor dem ersten Schritt zu nehmen. Denn ich habe in meinem Leben gelernt: Handeln ist immer besser als es nicht zu tun. Egal ob man am Ende gewinnt oder verliert, Erfolg hat oder auf die Nase fliegt – entscheidend ist, dass man es versucht hat.

Stellt euch das mal ganz bildlich vor: Ihr steht am Beginn eines Weges, in der Ferne liegt vielleicht eine Weggabelung rechts, eine andere links. Wenn ihr euch aber nicht entscheiden könnt überhaupt loszugehen, werdet ihr nicht nur nicht herausfinden, was hinter der Weggabelung liegt. Ihr werdet nirgendwo ankommen! Sagt euch also immer, auch wenn es im ersten Moment schwerfällt: »Überwinde dich. Mach es trotzdem, denn du weißt nie, was am Ende herauskommt!« Sonst werdet ihr euch vielleicht ein Leben lang sagen: »Hätte ich doch nur …« Und auf einmal seid ihr selbst so ein »Hätte-ich-doch-nur«-Typ geworden.

Der neue Weitrechts-außen des KSC

■ Es gibt einen schönen Spruch, den ich mir schon sehr früh eingeprägt habe. Er lautet: »Auch ein Weg von tausend Schritten beginnt immer mit dem ersten.« Egal wie lange der Weg ist, der vor einem liegt, egal wohin er führt: Er beginnt immer mit dem allerersten Schritt. Wenn ich meinen Weg im Geiste noch einmal in die umgekehrte Richtung abschreite, Schritt für Schritt, lande ich als Ausgangspunkt auf Platz sieben des Wildparkstadions. Da steht der kleine Oli mit seinen fünf Jahren und hat großen Respekt vor dem KSC und seinen Schüler- und Jugendmannschaften. Jeder junge Fußballer, der in Karlsruhe oder in den Dörfern der Umgebung groß geworden ist, hatte den Wunsch, das Trikot des KSC zu tragen, weil nur die Besten dort spielen durften. Und nun will sich auch der kleine Oliver beim Trainer der F-Jugend anmelden und ihm sagen, dass er gerne dort mitspielen will.

Ich musste damals meinen ganzen Mut zusammennehmen, um mich beim Training anzumelden. Was mir dabei ein wenig half, war das Wissen, dass auch mein Vater diesen Weg durchlaufen und »überlebt« hatte. Trotzdem weiß ich noch, dass ich richtig Bammel hatte, als mein Vater das Auto am Trainingsplatz stoppte. Als ich dann vor dem Trainer stand und sagte, dass ich mitspielen wollte, tat sich kein Abgrund vor mir auf, die Welt blieb auch nicht stehen. Ich durfte gleich mit auf den Platz, hatte aber immer noch so wackelige Knie, dass ich das ganze Training über nur auf der rechten Seite des Spielfelds stand und nicht so recht wusste, was ich da sollte. Ich war kein Rechtsaußen, eher ein Weitrechtsaußen. Ein Wunder eigentlich, dass ich danach überhaupt wiederkommen durfte. Aber das war in diesem Moment gar nicht so wichtig. Entscheidend war, dass ich mich überwunden hatte.

Wer weiß, ob mir je eine solche Karriere gelungen wäre, wie ich sie erleben durfte, wenn ich schon an diesem Schritt gescheitert wäre. Was wäre wohl passiert, wenn ich zu meinem Vater im Auto gesagt hätte: »Nein, Papa, ich will nicht, lass uns lieber wieder nach Hause fahren!« Mein Vater hätte mich bestimmt nicht genötigt auszusteigen, wenn ich dazu keine Lust gehabt hätte. Er hat mir zwar beigebracht, dass man sich im Leben nicht verdrücken darf und sich einer Herausforderung auch stellen muss, aber er hat mich nie zu etwas gezwungen. Sein Motto war immer: Man kommt im Leben umso besser voran, je spielerischer und ungezwungener man es nimmt. Vielleicht hätte er mich nach diesem Nachmittag dann eben in der Tischtennisabteilung angemeldet (das ist kein Scherz! Es gab eine Zeit, da hat mir diese Sportart großen Spaß gemacht) – oder beim Wettkampf-Halma (das ist jetzt aber einer!). Und dann wäre alles ganz anders gekommen: Mein Großvater hätte nie die Idee gehabt, mir ein Trikot von Sepp Maier zu schenken, und ich hätte niemals herausgefunden, dass der schönste Platz auf einem Fußballfeld für mich nicht der am äußersten rechten Rand ist, sondern der zwischen den Pfosten.

Natürlich war mir damals noch nicht klar, welche Konsequenzen dieser Schritt haben würde. Und meine Vision, eines Tages zwischen den Pfosten eines Bundesligators zu stehen, hatte sich zu diesem Zeitpunkt ja auch noch gar nicht entwickelt. Trotzdem war dieser Schritt sehr wichtig für mich, meine Angst zu überwinden, zum Trainer der Jugendmannschaft zu gehen und zu sagen: »Hallo, ich bin Oliver. Ich möchte hier mitspielen!« In dieser Situation habe ich nämlich gelernt, dass die nächsten Schritte gar nicht mehr so schwer sind, wenn man den ersten schon hinter sich gebracht hat. Vor dem nächsten Training hatte ich zwar immer noch ein leichtes Grummeln im Bauch, aber es fiel mir viel leichter, im Wildparkstadion aufzukreuzen. Denn ich wusste ja jetzt, was auf mich zukam. Und das ist vielleicht das Entscheidende: Viele Menschen gehen erst gar nicht los, weil sie Angst davor haben, was sie erwartet. Dabei verpassen sie so auch all das Schöne, das hinter der nächsten Kurve auf sie wartet.

[kurz] gesagt

Jeder Weg beginnt mit dem ersten Schritt. Oft kostet es große Überwindung, diesen ersten Schritt zu machen. Aber wenn man sich erst einmal überwunden hat, ist das nicht nur ein tolles Gefühl. Auch die nächsten Schritte fallen einem dann viel leichter.

Keine Angst vor der Angst!

■ Mit dem Handeln zu beginnen bedeutet nicht, dass man gleich die ganze Welt einreißen muss. Oft genügt – wie bei mir – ein ganz kleiner Schritt, der alles in Gang setzt. Die nächsten Schritte ergeben sich dann wie von selbst. Am Anfang des Kapitels habe ich euch den »Hätte-ich-doch-nur«-Typen vorgestellt: Er wäre sicher nicht aus dem Auto ausgestiegen, vielleicht noch nicht einmal eingestiegen. Er wäre in seinem Zimmer geblieben, hätte an die Decke gestarrt und davon geträumt, wie toll es wäre, für die Jugend des KSC aufzulaufen. Beim Träumen hätte er dann so viele Haken geschlagen, sich so viele Gedanken darüber gemacht, was alles schiefgehen könnte, dass er irgendwann zu dem Schluss gekommen wäre: Ach, hat ja doch keinen Sinn. Um dann hinterher sagen zu können…

Es gibt aber auch eine andere Gruppe von Menschen, die »Jetzt-fangen-wir-erst-mal-an«-Typen. Zum Glück gibt es auch davon jede Menge. Nehmen wir zum Beispiel die beiden Jungs, die die Suchmaschine Google erfunden haben, Sergey Brin und Larry Page. Die beiden trafen sich in den 1990er-Jahren an der Uni von Stanford, haben sich angefreundet und in einer Garage in Kalifornien angefangen, an ihrem großen Traum zu basteln: Sie hatten die Vision in ihren Köpfen, eine Suchmaschine für das Internet zu programmieren. Wahrscheinlich ahnten sie, dass sie mit dem, was sie vorhatten, etwas wirklich Großes würden schaffen können. Aber wohin ihr Weg sie tatsächlich führen würde, konnten sie damals natürlich nicht wissen. Vielleicht hätte es sie ja sogar eingeschüchtert, wenn sie gewusst hätten, dass sie ein paar Jahre später nicht mehr in ihrer Garage sitzen, sondern an der Spitze eines Unternehmens stehen würden, das mehr wert ist als der Coca-Cola-Konzern. Nach dem Motto: »Um Gottes willen, wir sollen mal eine so riesige Firma führen? Schnell weg!« Oder sie hätten sich ganz am Anfang ihres Weges denken können: »Hm, vielleicht ist es besser, abzuwarten. Wir können ja eigentlich gar nicht absehen, was bei der Sache am Ende herauskommen wird.« Stattdessen haben sie sich einfach hingesetzt und angefangen! In einem Interview hat Sergey Brin dazu einmal gesagt: »Sicher, wir hatten auch Glück. Aber wir wollten einfach etwas entwickeln, das für die Menschen sehr nützlich ist, und haben uns erst im zweiten Schritt den Kopf darüber zerbrochen, wie genau das klappen könnte und ob wir damit überhaupt Geld verdienen würden.« Sie haben einfach losgelegt – und auf den ersten Schritt folgte der zweite. Und auf den zweiten der dritte, der vierte… Und irgendwann waren sie die Chefs eines Internet-Giganten.

Was unterscheidet Leute wie die Google-Gründer von unserem »Hätte-ich-doch-nur«-Typen? Es ist ihre Fähigkeit, die Angst vor dem ersten Schritt zu überwinden und einfach anzufangen. Diese Angst vor dem ersten Schritt ist sehr menschlich. Und sie hat auch etwas Gutes. Ich finde es viel bedenklicher, wenn jemand sagt, er hat überhaupt keine Angst. Angst zu haben bedeutet nämlich auch, dass man in der Lage ist, in sich hineinzuhorchen. Dass man sich viele Gedanken über eine bestimmte Situation macht und genau abwägt, welches Risiko man eingehen und wie man am besten vorgehen kann. Jeder Mensch hat ja ein gewisses Bauchgefühl, das einem in manchen Augenblicken ein Warnsignal sendet. Stellt euch vor, ihr steht im Schwimmbad und wollt zum ersten Mal vom Sprungturm springen. Wenn ihr mit zitternden Beinen gleich den Zehn-Meter-Turm in Angriff nehmt, wird euer Bauch die Alarmglocken anwerfen und euch zurufen:

»Hey, spinnst du! Ne Nummer kleiner tut's für den Anfang doch auch!« Wenn ihr darauf hört, werdet ihr beim »Einser« anfangen und es toll finden, dann den »Dreier« packen und es noch toller finden und dann irgendwann entschlossen und ohne schlotternde Knie den »Zehner« erklimmen. Ihr werdet springen und weil ihr vorher geübt habt, aus einem bzw. drei Metern ins Wasser zu springen, werdet ihr auch sicher eintauchen und keine schmerzhafte Bauchlandung hinlegen. Doch was wäre eigentlich, wenn sich lauter Haie im Wasser tummeln würden? Dann würdet ihr sicher weder vom Zehn-Meter-Brett noch vom Beckenrand hineinhüpfen!

Worauf es mir ankommt, ist Folgendes: Es gibt natürlich Ängste – wie die vor Haien im Becken –, die sind berechtigt und sinnvoll. Denn sie schützen uns davor, Blödsinn zu machen, der das Risiko nicht wert ist. Es gibt aber auch Ängste, die man überwinden kann und soll und die auch viel von ihrem Schrecken verlieren, wenn man sie sich etwas genauer ansieht. Das gilt besonders für die Angst vor dem ersten Schritt.

Diese Angst kann mehrere Ursachen haben:

Die Angst vor dem Unbekannten

■ Vielen macht es einfach keinen großen Spaß, sich auf eine Situation einzulassen, die sie noch nicht kennen. Der Magen krampft sich zusammen. Das Herz schlägt schneller. Man beginnt zu schwitzen und möchte am liebsten auf der Stelle umdrehen und davonlaufen. Es ist etwas ganz anderes, sich in einer gewohnten Umgebung zu bewegen. Da kennt man sich aus. Es können keine unangenehmen Überraschungen passieren, zumindest bildet man sich das ein. Es braucht deshalb immer auch ein bisschen Mut, um diese Angst zu überwinden. Es ist der Mut, sich etwas Unbekanntem auszusetzen, von dem man nicht weiß, wie es aussehen und wie es sich anfühlen wird. In den allermeisten Fällen stellt sich diese Angst im Nachhinein aber als völlig unbegründet heraus. Man hat sich in den schillerndsten Farben ausgemalt, was alles Furchtbares passieren könnte – und siehe da: Es war nicht nur alles halb so wild, es kann auch viel Schönes hinter dem Unbekannten stecken.

Die Angst vor dem Risiko

■ Wenn man etwas nicht kennt, wenn man eine Situation nur schwer einschätzen kann, weil man sie noch nicht erlebt hat, dann tut man sich natürlich auch schwer, Risiken richtig einzuschätzen. Unser »Hätteich-doch-nur«-Typ ist einer, der Risiken in jedem Fall und ganz grundsätzlich scheut. Aber wer in seinem Leben weiterkommen möchte, muss auch etwas wagen. Denkt an den Satz: »Wer nicht wagt, der nicht gewinnt.« Wichtig ist dabei, dass ihr Augenmaß wahrt und eure Fähigkeiten richtig einschätzen lernt. Bin ich schon so weit, dass ich mir das zutrauen kann? Oder brauche ich noch ein bisschen Zeit und Sicherheit? Wenn ihr gerade erst mit dem Skilaufen angefangen habt und seit ein paar Tagen dem Übungshang entronnen seid, solltet ihr nicht auf die Idee kommen, euch voll Speed die Streif in Kitzbühel hinunterzustürzen. Das wäre nicht nur für euch ein enormes Risiko, sondern auch für alle anderen, die versehentlich euren Weg nach unten kreuzen… Abgesehen davon solltet ihr auch immer abwägen, ob das Eingehen eines Risikos euch weiterbringt – oder nur Kopf und Kragen kostet.

Die Angst vor dem Unangenehmen

■ Wer in seinem Leben etwas erreichen möchte, entscheidet sich ja automatisch dafür, etwas zu verändern. Er möchte sich weiterentwickeln. Das ist zumindest für mich ein Grundbedürfnis, ich habe das selbst schon als Jugendlicher sehr deutlich gespürt. Es ist ja kein Zufall, dass mit meinem Namen jeder den Spruch »Weiter, immer weiter« verbindet. Das hat aber zur Folge, dass man sich immer wieder auch mit etwas Unangenehmem konfrontieren muss, was einem viel Durchhaltevermögen und Disziplin abverlangt. Stellt euch zum Beispiel jemanden vor, der beschließt, etwas Gewicht zu verlieren, weil er sich dann wohler in seinem Körper fühlt. Das Ergebnis ist etwas sehr Angenehmes. Aber tatsächlich morgens aufzustehen und Liegestütze oder Sit-ups zu machen, ist erst mal unangenehm. Also bleibt man lieber liegen und denkt sich: »Morgen ist ja auch noch ein Tag.« Und was passiert morgen? Wahrscheinlich genau dasselbe. Weil man sich nicht aufraffen kann, den ersten Schritt zu tun und aus den Federn zu kriechen, wird man sich jeden Morgen über sich selbst ärgern und sich das tolle Gefühl verbauen, nach ein paar Wochen mit ein paar Kilo weniger über den Schulhof zu schlendern.

Oder erinnert euch an den letzten Streit mit eurem besten Freund oder eurer besten Freundin. Wenn nicht einer von euch über seinen Schatten springt, den Ärger herunterschluckt und einen Schritt auf den anderen zugeht, wird die Sache weiterköcheln. Und am Ende riskiert ihr, dass aus einem kleinen Streit ein richtig großes Ding wird, an dem eure Freundschaft vielleicht sogar kaputtgeht. Aber weil so eine Auseinandersetzung unangenehm sein kann, schiebt man das klärende Gespräch auf den Sankt-Nimmerleinstag, begegnet sich jeden Tag mit einem miesen Gefühl und macht alles nur noch schlimmer. Rafft man sich aber auf zu handeln, kann man eigentlich nur gewinnen. Denn wenn ihr auf euren Freund oder eure Freundin zugeht und sagt: »Tut mir leid, ich habe Mist gebaut. Lass uns die Sache vergessen!«, kann euer Gegenüber eigentlich gar nicht anders als zu sagen: »Mensch, bin ich froh, dass du den ersten Schritt gemacht hast, und wir wieder miteinander reden.«

Die Angst vor dem Unerreichbaren

■ Und dann gibt es noch die Angst vor dem Unerreichbaren. Wer für sich eine Vision formuliert hat, nimmt sich automatisch etwas sehr Großes vor. Es gehört ja zum Wesen einer Vision, dass man sie nicht von heute auf morgen erfüllen kann. Sie ist ein Überziel. Es ist deshalb nur menschlich, dass man sich am Anfang denkt: »Das schaffe ich nie, das ist unerreichbar für mich!« Diese Angst davor, etwas nicht erreichen zu können, was man sich vorgenommen hat, kann einen regelrecht lähmen, weil man ständig denkt, dass das Ergebnis der Anstrengungen nichts anderes als ein Misserfolg sein kann. Man möchte perfekt sein, und weil man befürchtet, diesem Anspruch nicht gerecht werden zu können, lässt man es lieber ganz bleiben. Deshalb ist es auch so wichtig, sich Etappenziele zu setzen, sie der Reihe nach abzuhaken und sich nicht total zu überfordern. Ich kenne das von mir selbst, ich versuche in allem, was ich tue, möglichst perfekt zu sein. Das heißt aber nicht, dass ich das auch tatsächlich immer schaffe. Perfektion erreichen zu wollen ist wichtig, aber sie ist auch der natürliche Feind des ersten Schrittes. Niemand ist von Anfang an perfekt. Man muss sich Zeit nehmen und darf keine Angst vor Misserfolgen haben. Was kann schon passieren? Fällt man auf die Nase, steht man eben wieder auf und probiert es noch einmal. Oder man versucht auf eine andere Art und Weise, sein Ziel zu erreichen. Jeder wird auf seinem Weg Rückschläge erleben, das ist ganz normal. Rückschläge sind sogar notwendig, weil sie einen darauf hinweisen, was man noch verbessern kann.

Also redet euch nicht ein, dass ihr etwas sowieso nicht schafft; wenn ihr euren Scheinwerfer gut ausgerichtet habt, wird er euch immer genug des Weges ausleuchten. Und das vermeintlich Unerreichbare wird Stück für Stück näher kommen.

Auch ich stand immer wieder vor Situationen, in denen ich meine Angst überwinden musste – nicht nur damals auf Platz sieben des Wildpark-Stadions, sondern auch später noch. Ich kann mich zum Beispiel noch gut an mein Abitur erinnern. Meine Leistungskurse waren Englisch und Erdkunde, und obwohl ich das Gefühl hatte, gut vorbereitet zu sein, war mir vor den Prüfungen etwas mulmig. Denn ich dachte natürlich darüber nach, was alles schiefgehen könnte: Sobald die Prüfungen losgegangen sind, vergesse ich auf einen Schlag alle Englischvokabeln, ich weiß keinen einzigen Kontinent mehr – und wenn die Aufgabe vorkommt, die verschiedenen Klimazonen der Erde zu beschreiben, fällt mir nur noch die Wetterprognose für den Schwarzwald ein. Ich erzählte meiner Mutter von meiner Angst, und es half mir damals sehr, dass sie zu mir sagte: »Ja und? Dann machst du die Prüfungen halt noch mal!«

[kurz] gesagt

Die Angst vor dem ersten Schritt kann viele verschiedene Ursachen haben. Man kann sich vor dem Unbekannten fürchten, vor dem Unangenehmen, vor einem Risiko oder vor dem Unerreichbaren. Doch jede Angst verliert viel von ihrem Schrecken, wenn man sie sich etwas genauer ansieht. Und meistens stellt man dann hinterher fest, dass die Angst schlicht unbegründet war. Hat man sie überwunden, setzt das jede Menge positive Energie frei.

Ich bin eigentlich eher ein ängstlicher Mensch, der sich manchmal fast zu viele Gedanken macht. Ihr glaubt das vielleicht nicht, weil ich auf dem Platz immer so cool oder so bedrohlich gewirkt habe. Aber ich musste erst lernen, meine Ängste unter Kontrolle zu halten. Manchmal lief das eher nach dem Motto »Augen zu und durch«. Manchmal habe ich mir Zeit genommen zu verstehen, warum mich so ein irrationales und im Nachhinein vollkommen unbegründetes Gefühl beschlichen hat. Wenn man es aber schafft, hinter die Kulissen zu sehen und eine Angst als Herausforderung zu begreifen, kann sie einem sogar helfen. Weil sie dann so viel Adrenalin freisetzt, dass man plötzlich zu ganz besonderen Leistungen fähig ist.

Es gibt den Satz, dass die ängstlichen Menschen oft die mutigsten sind. Das klingt wie ein Widerspruch in sich, aber es stimmt. Denn wer es schafft, seine Angst zu überwinden, wird daraus enormes Selbstbewusstsein ziehen. Bis heute frage ich mich manchmal: »Wie bitte, davor hast du solche Angst gehabt?« Das ist eine Frage, die ich mir im Laufe meiner Karriere ungefähr zweihundert Mal gestellt habe. Aber das Selbstbewusstsein, das ich mir durch das Überwinden meiner Ängste erarbeitet habe, war eine der Grundlagen dafür, dass ich meinen Weg weitergegangen bin.

Endlich Nummer 1!

■ Dieser verdammte erste Schritt! Mein Glück war, dass ich ihn schon gemacht hatte, bevor ich überhaupt den Weg kannte. Er war der Beginn, und ich habe später noch oft davon profitiert, dass ich damals mit meinen fünf Jahren den Mut aufgebracht hatte, beim Trainer des Karlsruher SC aufzukreuzen. Denn wer einmal den Mut hatte, einen Schritt zu machen, von dem er nicht genau weiß, wohin er führen wird, hat ihn auch bei jedem weiteren.

Für mich hieß dieser nächste Schritt: Geduld lernen und weiter trainieren. Nach meinem kurzen Ausflug ins Bundesligator im November 1987 kehrte ich wieder zurück zu den Amateuren. Ich ackerte und ging ins Fitness-Studio – mit so viel Ehrgeiz und Leidenschaft, dass unser Co-Trainer Rainer Ulrich mich gelegentlich ermahnen musste, nicht zu viel zu trainieren. Er sagte mir, wenn ich irgendwann zu viele Muskeln hätte, sei ich nicht mehr beweglich genug. Ich wusste aber genau, was ich tat. Meine Muskeln waren noch nicht so stark, mein Körper noch nicht so reif, dass es für den Stammplatz in einem Bundesligator gereicht hätte.

Ich versuchte, mich stetig zu verbessern und mir auch von unserem Stammtorhüter Alexander Famulla einiges abzuschauen. Er war zum Beispiel sehr gut in Eins-zu-Eins-Situationen, wenn also ein Stürmer auf ihn zugerannt kam: Er lief aus dem Tor, wartete lange ab und reagierte dann blitzschnell. Eine solche Situation löst man nur dann erfolgreich, wenn man dabei nicht die Nerven verliert. Mit der Zeit wurde der Abstand zwischen uns immer kleiner. Aber es vergingen trotzdem ganze drei Jahre, bis ich so weit war, den Schritt vom zweiten Torhüter, dessen Platz auf der Bank war, zur Nummer 1 zu machen. Und wie es der Zufall wollte, war es wieder ein Tag im November, der die Wende brachte.

Der 10. November des Jahres 1990 war ein unange-
nehmer Schmuddeltag. Die ganze Woche davor war
darüber spekuliert worden, ob ich die neue Nummer 1
werden würde. Alexander Famulla hatte keine besonders starke Phase. Wer weiß, vielleicht lag das auch
daran, dass er bereits meinen Atem in seinem Nacken
spüren konnte. Ich hatte in den Wochen vor dem Spiel
noch mehr gerackert und gekämpft und war ihm so
nah gekommen, dass ich mir berechtigte Hoffnungen
machen konnte, in diesem Spiel gegen den VfL Bo-
chum von Beginn an spielen zu dürfen. Doch dann ver-
kündete der Trainer in der Mannschaftsbesprechung,
dass er »Oleg«, das war Famullas Spitzname, noch eine Chance geben würde. »Dann eben noch nicht«,
dachte ich mir, nicht ahnend, was an diesem Nachmittag auf mich zukommen würde.

»Oleg« unterliefen in der ersten Halbzeit zwei Patzer.
Beim ersten Tor unterschätzte er eine Flanke und be-
hinderte einen Mitspieler, von dessen Kopf der Ball ins
Tor flog – ein Eigentor. Und auch beim zweiten Treffer
machte er eine unglückliche Figur. Zur Halbzeit stand
es 1:2 gegen uns. In der Pause kam Winnie Schäfer zu
mir und sagte: »Oli, mach dich warm. Du kommst in der
zweiten Halbzeit dran.«

Rolf Kahn, Vater

 *Ich weiß noch, wie ich damals oben auf der Tribüne
saß, mit einem Puls von 200, als ich sah, dass Oliver
sich warmläuft. Ich dachte, ausgerechnet jetzt
bringt der Trainer meinen Sohn, ausgerechnet jetzt!
Er kann ihn doch nicht einfach so ins kalte Wasser*

schmeißen! Es ist ja eine Sache, sich für einen Verein zu begeistern und ihn anzufeuern. Aber es ist eine ganz andere, wenn der eigene Sohn auf dem Rasen steht, den man über so viele Jahre auf seinem Weg bis zu diesem Nachmittag begleitet hat. Es stand 1:2 gegen uns, und ich wusste genau: Das ist jetzt der Moment, in dem sich entscheiden wird, wie es weitergehen wird mit Olis Karriere. Wenn er diese Prüfung besteht, springt er auf den Karrierezug auf. Dann ist alles möglich. Wenn er aber scheitert, dann wird der Zug wohl ohne ihn abfahren. Nie mehr danach in seiner Karriere war ich so aufgeregt wie an diesem Nachmittag.

Von der Nervosität meines Vaters oben auf der Tribüne habe ich natürlich nichts mitbekommen. Ich habe unten auf dem Rasen versucht, mich so gut wie möglich auf meine Aufgabe zu konzentrieren. Ich war aufgeregt, wusste aber, dass ich alles dafür getan hatte, um in diesem Moment zu bestehen. Und das ist eine Sicherheit, die man nur bekommt, wenn man sich Ziele setzt und sie auch erreicht. Denn dann kann man sich zu jedem Zeitpunkt sagen: »Ich habe bis hierher alles dafür getan, eine Hürde nach der nächsten zu überspringen. Bislang ist im Großen und Ganzen doch alles gut gegangen. Ich bin gut vorbereitet, warum sollte ich jetzt scheitern?« Wenn man das von sich sagen kann, gibt einem das Selbstvertrauen und die nötige Ruhe – erst recht in einem Stadion, in dem die Menschen sauer sind, weil der eigene Verein hinten liegt.

Ich musste in diesem Spiel eigentlich nur einmal wirklich eingreifen. Aber das war in einer entscheidenden Szene des Spiels. Es war unmittelbar nach der Pause. Von halb links kam ein Schuss auf mein Tor zugerauscht, ich konnte gerade noch mit dem Fuß klären. Das wäre das 3:1 für den Gegner gewesen, und ich glaube nicht, dass wir uns davon noch einmal erholt hätten. Stattdessen haben wir zwei weitere Tore erzielt und am Ende 3:2 gewonnen. Das erste fiel kurz nach meiner Rettungsaktion mit dem Fuß, das zweite zehn Minuten vor dem Abpfiff.

Nach der Partie wurde ich von Fernsehreportern gefragt, wie es jetzt mit mir weitergehen würde. Und da habe ich geantwortet: »Ich gehe davon aus, dass ich im Tor bleiben werde.« So kam es auch. Von da an stand ich im Kasten! Ich hatte es geschafft: Ich war die neue Nummer 1 des KSC, ich hatte mich bei den Profis etabliert – trotz meiner jugendlichen Unerfahrenheit. Darüber hat unser Trainer einfach hinweggesehen.

»Du darfst Fehler machen«

■ Nach diesem Spiel ist etwas passiert, was mir damals sehr half. Winnie Schäfer rief mich zu sich, um mit mir über meine Leistung zu sprechen und darüber, wie es nun weitergehen würde. »Pass auf, Oli«, sagte er zu mir. »Du bist jetzt meine neue Nummer 1. Und du darfst Fehler machen, ich werde trotzdem an dir festhalten.« Das war eine sehr wichtige Aussage für mich, weil darin auch die Botschaft steckte: Ich glaube an dich, auch dann, wenn es mal nicht so gut läuft. Wer handelt, setzt sich zwangsläufig der Gefahr aus, Fehler zu machen.

Die einzige Methode, die einen unter Garantie davor schützt, ist die, sich mit gefalteten Händen aufs Sofa zu legen. Sobald man aber auch nur einen Arm bewegt, besteht schon die Möglichkeit, etwas Falsches zu tun – zum Beispiel ein Glas vom Couchtisch zu stoßen. Und das Verrückte ist: Je mehr Angst man vor einem Fehler hat, umso wahrscheinlicher ist es, dass man einen macht. Wer dagegen lernt, gelassen mit seinen Fehlern umzugehen, macht auch seltener welche. Gerade in jungen Jahren ist es deshalb besonders wichtig, nicht nur sich selbst zu sagen, dass es okay ist, wenn ein Fehler passiert, sondern das auch von anderen gesagt zu bekommen.

Meine Eltern waren aber auch richtig toll darin, mit Fehlern umzugehen, die mir passiert sind. Wobei »passiert« vielleicht nicht ganz der richtige Begriff ist bei dem, was ich als 13-Jähriger getan habe: Eines Nachmittags kam ich nach Hause, und »passiert« war mir, dass ich an einer Zigarette gezogen hatte. Meine Mutter roch das sofort. Das Donnerwetter, das folgte, war lauter als ein Gewitter über dem Amazonas. »Du willst doch Torwart werden«, sagte mein Vater, »wie willst du das denn schaffen, wenn du jetzt deine Lunge kaputt machst?« Doch so sauer meine Eltern auf mich waren, so friedlich wurden sie, als ich einsah, dass es Quatsch war, das Rauchen auszuprobieren. Denn sie erklärten mir: Wenn man zu einem Fehler steht und nicht versucht sich herauszureden, dann ist die Sache auch bald wieder vom Tisch. Und so begriff ich, dass zum »Fehler machen« auch das »Fehler zugeben« gehört.

Ich muss aber eingestehen: Als junger Fußballer war ich selbst nicht unbedingt das beste Beispiel dafür, gelassen mit Fehlern umzugehen. Ich kann mich noch lebhaft an den ersten richtigen Bock erinnern, den ich auf dem Platz geschossen habe. Das war in einem Spiel gegen den Hamburger SV. Eine weite Flanke segelt in den Strafraum, ich laufe aus dem Tor und will den Ball aus der Luft fischen, erwische ihn aber nicht. Ein gegnerischer Stürmer köpft ihn trocken ins Tor.

Nach diesem Spiel lag ich tagelang bei meinen Eltern auf dem Sofa und habe versucht, diesen Fehler zu verarbeiten. Die Gedanken rasten durch meinen Kopf: Wie konnte das geschehen, was hätte ich besser machen können? Es war furchtbar. Ich saß mit mir selbst zu Gericht und war Richter, Staatsanwalt und Angeklagter in einer Person – so, als hätte ich etwas wirklich Schlimmes getan. Erst als ich älter wurde, habe ich gelernt, mit solchen Fehlern besser umzugehen und sie auch irgendwann abzuhaken. Wie das funktioniert, erkläre ich euch in Kapitel acht.

[kurz] gesagt

Wer handelt, macht Fehler. Wir sind ja keine Roboter! Es ist wichtig, gelassen mit Fehlern umzugehen. Je mehr Angst man davor hat, einen Fehler zu machen, desto wahrscheinlicher ist es, dass einem tatsächlich einer unterläuft.

Die magische Nacht von Karlsruhe

■ Die Jahre beim KSC waren im Rückblick sicher meine schönsten als Profi. Alles war neu, und Erfolge waren etwas Besonderes, nicht nur für mich, sondern für die ganze Stadt. Man hat richtig gespürt, wie die Menschen auf wichtige Spiele hingefiebert haben. Und von der Freude, wenn wir gewonnen hatten, ließ sich jeder anstecken. Besonders schön war diese Atmosphäre 1993. Es war schon wieder ein Tag im November, der zu einem ganz besonderen für mich werden sollte…

In der Saison davor hatten wir uns für den UEFA-Pokal qualifiziert, in der zweiten Runde trafen wir auf den spanischen Verein FC Valencia. Das Hinspiel hatten wir mit 1:3 verloren, und ich hatte mit ein paar starken Paraden unsere Mannschaft davor bewahren können, dass der Rückstand noch größer wurde. Damit war klar, dass wir im Rückspiel in Karlsruhe mindestens vier Tore schießen mussten, um in die nächste Runde einzuziehen. Das schien auf den ersten Blick mehr als unwahrscheinlich. In den zwei Wochen zwischen diesen Partien haben wir uns trotzdem gegenseitig angeheizt und sagten uns im Training ständig: »Zu Hause hauen wir die Spanier weg!«

Die Zeichen dafür standen nicht besonders gut. Denn am Tag vor diesem wichtigen Spiel hatte einer unserer Stürmer, Edgar Schmitt, einen Autounfall und überschlug sich vier Mal. Doch er hatte Glück. Er kam mit einem Kratzer am Ohr und dem Schrecken davon und konnte in dieser wichtigen Partie auflaufen.

Vor dem Spiel am 2. November 1993 hielt Winnie Schäfer eine feurige Kabinenansprache. Immer wieder rief er: »Männer, wir schaffen das! Macht euch keine Sorgen, das schaffen wir!« Die Atmosphäre im Stadion war unbeschreiblich. Auf den Rängen drängten sich über 30 000 Menschen, obwohl eigentlich nur 25 000 erlaubt waren. Von Beginn an machten wir unserem Gegner das Leben schwer. Wir spürten, dass die Spanier an diesem Tag wackelten. Aber erst nach einer halben Stunde fiel das erste Tor für uns, danach spielten wir uns in einen regelrechten Rausch. Edgar Schmitt schoss vier Tore, eins für jeden Überschlag mit seinem Auto am Tag davor. Er war der beste Mann auf dem Platz und wurde von da an nur noch »Euro-Eddy« genannt, weil er ausgerechnet auf der großen europäischen Fußballbühne seinen bis dahin stärksten Auftritt für den KSC hingelegt hatte.

Wir gewannen das Spiel mit unglaublichen 7:0, es war eine magische Nacht! Ganz Karlsruhe war aus dem Häuschen, so etwas hatte in dieser Stadt noch niemand erlebt. Karlsruhe ist ja eher ruhig und gemütlich, aber davon war in den Tagen nach unserem Triumph nichts zu spüren. Es war, als habe sich Karlsruhe in eine südeuropäische Stadt am Mittelmeer verwandelt. Von überall her erklangen »Olé!«-Rufe, es war wie im Tollhaus. Ein alter Mann kam ein paar Tage nach dieser legendären Nacht sogar auf Edgar zu, küsste ihn auf die Wange und sagte: »Herr Schmitt, ich danke Ihnen, dass ich das noch erleben durfte!«

Mit einem Paukenschlag war es uns gelungen, auf uns aufmerksam zu machen. Ganz Europa wusste nun, dass da etwas ganz Besonderes passierte im sonst so beschaulichen Karlsruhe. Das war ein unbeschreibliches Gefühl. Es machte mich wahnsinnig stolz, ein Teil dieser Mannschaft zu sein. Und plötzlich wurde auch ein großer deutscher Verein neugierig. Es sollten nur ein paar Wochen nach dem Spiel gegen den FC Valencia vergehen, bis mein Vater mir sagte, ich solle nach dem Vormittagstraining schnell nach Hause fahren. Es würde jemand bei mir anrufen und mir etwas sagen, worüber ich mich sehr freuen würde…

Meine

11

für
den
Erfolg

1. Schritt

Jeder Weg beginnt mit dem ersten Schritt. Man braucht schon etwas Mut, um sich zu diesem Schritt zu überwinden. Dass man vor dem ersten Schritt Angst hat, ist aber nicht nur menschlich, sondern sogar nützlich. Denn die Angst hilft einem dabei, ganz genau über diesen Schritt nachzudenken. Aber irgendwann muss man dann einfach losgehen. Und wenn man sich erst einmal überwunden hat, mit dem Handeln anzufangen, merkt man, dass die nächsten Schritte nun viel leichter fallen.

kapitel

04

Wie man sich

motiviert

die gesetzten Ziele anzupacken.

[oder]

Warum jemand eines Tages eine Ladung Brennholz vor meine Tür kippte.

Als mein Telefon an jenem Tag klingelte, begann mein Herz schneller zu schlagen. »Ganz ruhig, Oliver«, dachte ich mir, »lass dir nichts anmerken!« Ich weiß noch genau, wie die ersten Worte lauteten, die vom anderen Ende der Leitung kamen: »Hallo, hier ist Uli Hoeneß. Wir wollen Sie haben!« Das Gefühl, das mich in diesem Augenblick packte, war gigantisch. Der FC Bayern München wollte mich in sein Tor stellen! Der Verein, bei dem schon so großartige Torhüter wie Sepp Maier oder Jean-Marie Pfaff den Kasten sauber gehalten hatten!

Das Irre war, dass ich damit nicht nur eines meiner wichtigsten Etappenziele erreicht hatte, sondern dass mit diesem Anruf genau das Realität wurde, was ich Uli Hoeneß ganz dreist schon ein Jahr davor prophezeit hatte. Die Münchner waren bei uns in Karlsruhe zu einem Auswärtsspiel angetreten, und während der Partie hatte sich mein Mannschaftskamerad Michael Sternkopf verletzt, den der FC Bayern verpflichten wollte. Nach dem Spiel kam Uli Hoeneß zu uns in die Kabine und erkundigte sich, wie es Michael ging. Als er an mir vorüberging, sagte ich zu ihm, halb im Ernst, halb im Spaß: »Und im nächsten Jahr komme ich dann!«

Ich habe mich anschließend tagelang über mich selbst gewundert, woher ich den Mut genommen habe, diesen Satz zu sagen. Uli Hoeneß hätte ja auch denken können: »Was ist denn das für einer? Glaubt der, wir verpflichten ihn, nur weil er das gerne so hätte?« Dass ich diesen Satz ganz spontan gesagt habe, hatte aber nichts damit zu tun, dass ich besonders dreist oder ein arroganter Typ war. Ich war einfach felsenfest überzeugt davon, irgendwann gut genug zu sein, um nach München zu wechseln. Das war eines meiner Zwischenziele, und ich wusste, ich würde alles dafür tun, um es zu erreichen. Und nun war es endlich so weit!

Eine Ladung Brennholz

■ Man sagt ja, dass man für etwas »brennen« muss, wenn man in einer Sache wirklich gut sein will. Dass man in sich ein »Feuer« spüren muss, dass der »Funke« überspringen und die Leidenschaft »lodern« muss. Das sind alles Umschreibungen dafür, dass man ein bestimmtes Maß an Motivation braucht, um bei dem, was man sich vorgenommen hat, erfolgreich zu sein. Für mich war dieses Bild mit dem Feuer immer sehr inspirierend: Meine Vision, eines Tages ein berühmter Torhüter zu sein, war in meiner Vorstellung eine Feuerstelle, an die ich mich zu jeder Zeit setzen und an der ich mich aufwärmen konnte. Doch jedes Feuer geht irgendwann aus, wenn man sich nicht darum kümmert, Holz nachzulegen. Oder wenn es zu regnen beginnt und niemand darauf achtet, das Feuer vor den Tropfen zu schützen. Dann zischt es noch ein bisschen vor sich hin, der Rauch wird immer dünner – und am Ende bleibt nur ein Haufen grauer Asche übrig.

Für mich war dieser Anruf von Uli Hoeneß die Motivation schlechthin. Es war so, als hätte er zu mir gesagt: »Ich brauche Ihre genaue Adresse, damit wir Ihnen das Brennholz direkt vor die Tür liefern können.« Und zwar nicht nur ein paar Hölzer, sondern gleich eine ordentliche Wagenladung! Nun wird Uli Hoeneß vermutlich nicht bei jedem von euch den Feuermeister spielen. Deshalb möchte ich euch in diesem Kapitel zeigen, wie man auch ohne einen Feuermeister wie Uli Hoeneß das Feuer in sich am Brennen halten kann. Denn hier soll es darum gehen, wie ihr die Ziele, die ihr euch gesteckt habt, auch wirklich erreichen könnt. Der Weg dorthin kann lang sein – und er wird vielleicht nicht immer gerade verlaufen.

Damit euch nicht auf halber Strecke die Puste ausgeht, ist eines entscheidend: die Motivation. Aber wie kann man sich davor schützen, sie irgendwann zu verlieren? Wie kann man es schaffen, diese Motivation, das Feuer in euch, am Brennen zu halten? Wie bleibt man motiviert, wenn Probleme auftauchen?

Das Wichtigste ist dabei, dass ihr den Weg bis zu eurem Ziel einteilt: in viele kleine Etappenziele. Das hatten wir ja schon. Denn jedes Mal, wenn ihr eines dieser Ziele erreicht habt, werdet ihr daraus neue Motivation ziehen. Und so das Feuer am Leben halten. Aber das ist nicht das Einzige, was ihr tun könnt.

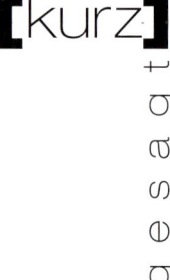

[kurz] gesagt

Motivation ist das, was das Feuer in euch am Brennen hält. Und wie bei einem echten Feuer muss man auch bei der Motivation darauf achten, dass man regelmäßig nachlegt, damit die Glut nicht erlischt.

Verräter!

■ Als in Karlsruhe bekannt wurde, dass ich den KSC verlassen würde, lernte ich zum ersten Mal die Schattenseiten meines Berufs als Fußballprofi kennen. Es war noch mitten in der Saison, als in den Zeitungen zu lesen war: »Oliver Kahn wechselt zum FC Bayern, es ist schon alles fix.« An dem Vormittag, an dem die Bombe geplatzt war, kam ich auf den Trainingsplatz, und die Leute schrien »Verräter«. Es gab sogar welche, die mich angespuckt haben. Bis dahin hatte ich überall, wo ich hinkam, Begeisterung erlebt. Ich war ein Karlsruher Junge, der in der Nachbarschaft des Stadions gewohnt und es zum Profi geschafft hatte. Das fanden alle toll.

Jetzt schlug die Begeisterung ins Gegenteil um. Das war eine neue, verdammt unangenehme Situation. Aus Sicht der Fans war die Reaktion verständlich: Sie waren enttäuscht und ließen mich das auch spüren. Jahrelang hatten sie hinter mir gestanden, und kaum lief es richtig gut, hatte ich nichts Besseres zu tun, als dem Verein den Rücken zu kehren. Aus meiner Sicht sah das allerdings anders aus: Ich war dankbar für die Unterstützung der Fans und dankbar für die Chance, die mir der KSC gegeben hatte. Aber ich wusste, wenn ich auf meinem Weg weiterkommen wollte, musste ich Veränderungen wagen. Und dazu gehörte eben auch, irgendwann den Verein zu wechseln. Das war keine leichte Phase für mich und Gott sei Dank ging sie rasch vorbei. Denn die Karlsruher spürten schnell, dass ich mich weiter mit ganzer Kraft für den KSC einsetzte. Leichter wurde die Situation wohl auch dadurch, dass wir im UEFA-Cup immer weiter kamen. Viertelfinale,

Halbfinale – da war keine Zeit mehr für Vorwürfe. Das Finale haben wir leider verpasst. Wir schieden gegen den SV Salzburg aus. Aber dass wir das Halbfinale überhaupt erreichten, war mehr, als man anfangs hoffen durfte.

Am Ende dieser Saison wechselte ich nach München, für die damalige Rekordsumme von umgerechnet 2,3 Millionen Euro. So viel Geld war bis dahin noch nie für einen Torhüter ausgegeben worden. Doch so sehr es mich freute, mein nächstes Ziel erreicht zu haben, so traurig war ich auch, dass diese wunderbare Zeit in Karlsruhe vorüber war. Ich verließ ja nicht nur den Verein, bei dem alles angefangen hatte, sondern auch Menschen, die eine besondere Bedeutung für mich bekommen hatten. Das galt vor allem für unseren damaligen Trainer Winnie Schäfer. Ein Mann mit wehenden rotblonden Haaren, der seinen unbedingten Willen, Siege zu feiern und Erfolg zu haben, nicht nur der ganzen Stadt eingeimpft hatte, sondern auch mir persönlich. Schäfer hat viele meiner Charaktereigenschaften gestärkt, indem er mich gefördert hat. Wie ein großer Blasebalg, der immer wieder frische Luft in das Feuer geblasen hat, das in mir brannte.

Winnie Schäfer, Trainer des Karlsruher Sport-Club von 1986 bis 1998

 *Dass Oliver uns verließ, war ein Verlust, den wir natürlich nicht so leicht kompensieren konnten. Ich war ihm aber nicht böse, dass er sich dafür entschieden hatte, zum FC Bayern München zu wechseln. Für ihn war das auf jeden Fall das Beste. Wir*

hätten noch versuchen können, über Sponsoren so viel Geld einzusammeln, dass wir ihn hätten halten können. Aber er sagte zu mir, dass er uns in erster Linie nicht wegen des Geldes verlassen wollte, sondern wegen der sportlichen Perspektive. Er hatte klare Ziele vor Augen, er wollte Deutscher Meister werden und später Torhüter der Nationalelf. Die Chancen, dieses Ziel zu erreichen, waren auf lange Sicht gesehen beim FC Bayern natürlich besser als bei uns in Karlsruhe – auch wenn wir zu der Zeit in der Tabelle weiter oben waren als die Bayern.

Dass er es geschafft hat, zum FC Bayern zu wechseln, hatte weniger mit seinem Talent zu tun als vielmehr mit seinem unbedingten Siegeswillen. Er gab einfach alles, egal ob im Training oder im Spiel: Er wollte immer gewinnen. Manchmal mussten wir Trainer ihn in seinem Ehrgeiz sogar bremsen, und manche Teamkollegen haben sich über den »verrückten Kahn« schon mal lustig gemacht. Aber insgeheim wussten sie, dass man einen Typen wie Oli in der Mannschaft braucht. Er war aber kein Außenseiter, der in jeder Sekunde verbissen gewesen wäre. Er konnte auch ein lustiger Kerl sein. Aber er hatte seine Prioritäten. Oli hat sich immer als Erster auf sein Zimmer zurückgezogen, während die anderen noch zusammensaßen, zum Beispiel nach dem Essen. Und er las viel, weil er weiterkommen wollte, nicht nur im Fußball.

Meine ersten Wochen beim FC Bayern München waren sehr hart. Alles war neu für mich, größer, lauter, aufgeregter. Bei den Pressekonferenzen drängten sich jeden

Tag Dutzende von Journalisten, man musste auf jedes Wort achten, das man sagte. Und anders als in Karlsruhe, wo unsere Erfolge etwas Besonderes waren, etwas ganz Ungewohntes, war in München der Erfolg Pflicht. Nach dem Selbstverständnis des FC Bayern gehört die Meisterschale nach München, nirgendwohin sonst. Obwohl ich ja nach München gewechselt war, um genau dieses Ziel zu erreichen, brauchte ich einige Zeit, um mich an diese neuen Bedingungen zu gewöhnen. Und ich wusste auch, dass ich konsequent an mir arbeiten musste, wenn ich dort bestehen wollte. Ein anderer hätte vielleicht irgendwann den Spaß verloren und das Handtuch geworfen – oder sich auf die faule Haut gelegt. Ich wollte das nicht und ich konnte das auch nicht, dazu war ich viel zu motiviert. Meine Brennholzladung war so groß, dass sie auch für Tage ausgereicht hat, an denen es richtig ungemütlich wurde. Uli Hoeneß hat später einmal gesagt, dass es zwischen mir und vielen anderen, die zum FC Bayern München kamen, einen großen Unterschied gab. Die einen sagten sich: »Jetzt habe ich es geschafft!« Für mich dagegen hieß es: »Jetzt geht es erst richtig los!«

Die Leidenschaft muss glühen!

■ So war das bei mir eigentlich immer, und daran hat sich bis heute nichts geändert, obwohl meine Karriere längst vorüber ist. Wenn ich ein Ziel erreicht habe, heißt das nicht, dass aus Oli Kahn der »olle Kahn« wird, der sich zurücklehnen und gemütlich die Füße hochlegen würde. Es bedeutet für mich vielmehr, dass es nach einem kurzen Verschnaufer wieder von vorn losgeht. Man darf sich ruhig freuen, wenn man ein Ziel erreicht hat, es ist vollkommen in Ordnung, sich in eine geistige Hängematte zu legen und sich eine Zeit lang auszuruhen. Danach aber ist es wichtig, wieder aufzustehen, in die Hände zu klatschen und sich zu sagen »So, weiter geht's. Wo bitteschön geht es zum nächsten Ziel?«

[kurz] gesagt

Wenn man ein Ziel erreicht hat, darf man sich natürlich darüber freuen und sich für einen Moment in die geistige Hängematte legen. Danach aber ist es wichtig, sich nicht darauf auszuruhen. Aus dem »Ich habe es geschafft!« muss irgendwann ein »Jetzt geht es erst richtig los!« werden.

Mit meinem Wechsel nach München hatte ich ein wichtiges Ziel erreicht. Aber ich wollte mehr: Ich wollte mit dem FC Bayern die Meisterschaft gewinnen und eines Tages auch in der Nationalmannschaft die Nummer 1 werden. Wenn ich jetzt die Hände in den Schoß gelegt hätte, hätte ich diese Ziele nie erreicht. Und mehr noch:

Alles, was ich bis dahin investiert hatte, wäre in gewisser Weise umsonst gewesen, weil ich mitten auf dem Weg zu meiner Vision einfach stehen geblieben wäre. Das ist wie mit einem Berg, den man besteigen will. Man muss immer weiter vorangehen, sonst bleibt man im Steilhang stecken oder rutscht schlimmstenfalls langsam wieder nach unten.

Erinnert ihr euch? Im ersten Kapitel ging es darum, wie man eine Vision entwickelt und wie wichtig es ist, dass diese Vision mit etwas zu tun hat, was euch Spaß macht, worin eure Leidenschaft steckt. Und jetzt merkt ihr wahrscheinlich, warum das so wichtig ist. Denn manchmal hat man das Gefühl, man würde immer, wenn man ein Ziel erreicht hat, wieder bei null starten und sich von Neuem motivieren müssen, um das nächste Ziel in Angriff zu nehmen. Das kann manchmal sehr anstrengend sein. Denkt bloß nicht, dass ich nach meinem Umzug von Karlsruhe nach München jeden Tag durch die Stadt gelaufen wäre und fröhlich vor mich hingepfiffen hätte vor lauter Glück, jetzt beim großen FC Bayern München gelandet zu sein. Es war das genaue Gegenteil: Ich hatte meine alten Teamkameraden zurücklassen müssen, mit denen ich so große Erfolge gefeiert hatte. Ich musste mich an eine ganz neue Umgebung gewöhnen, die es mir gerade am Anfang nicht unbedingt leicht machte. In München war alles einfach eine Nummer größer als in Karlsruhe. Ich fuhr oft durch die Straßen und spürte, wie fremd mir diese Stadt war. Heute ist das natürlich ganz anders, München ist zu meiner zweiten Heimat geworden. Aber damals hatte ich das Gefühl, dass ich in eine neue Welt eingetaucht war, deren Regeln ich erst noch lernen musste. Und das Gleiche galt für den FC Bayern München selbst. Dass das ein Verein war mit einer riesigen Tradition, merkte man in jedem Winkel des Trainingsgeländes an der Säbener Straße. Voller Ehrfurcht lief ich an den Vitrinen mit den Pokalen vorbei, die der FC Bayern in seiner langen Geschichte schon gewonnen hatte. Und wenn ich im Mannschaftsbus saß, der natürlich viel komfortabler und größer war als der des KSC, hockte ich in meinem Sitz und dachte mir: »Jetzt bist du beim großen FC Bayern München – und du bist nur ein kleines Würstchen!«

Aber trotz des schwierigen Einstiegs habe ich den Spaß an meinem Beruf nie verloren. Das Drumherum konnte gar nicht so anstrengend werden, dass es mir nicht einen Riesenspaß gemacht hätte, mich im Training nach jedem Ball zu schmeißen, den Geruch von frisch gemähtem Rasen in der Nase zu haben und beim Hechten nach dem Ball im Matsch zu landen. Aus dieser Leidenschaft für Matsch und fürs Durch-die-Luft-Fliegen habe ich jede Menge Motivation gezogen, sie war wie eine Glut, die beständig Hitze ausgestrahlt hat. Und diese Motivation kam tief aus meinem Inneren.

Es gab aber noch eine zweite Art der Motivation, eine, die von außen kam. Als ich den KSC verließ, sagte ich mir: »So, das war jetzt Karlsruhe, dieses Kapitel ist beendet. Doch was habe ich dort erreicht? Eigentlich gar nichts. Wir haben zwar eine tolle Saison gespielt und waren sogar im Halbfinale des UEFA-Cups, aber wir haben keinen einzigen Titel gewonnen. Die hole ich mir jetzt in München.« Ich bin nach München gewechselt, weil ich Deutscher Meister werden wollte. Ich wollte möglichst bald die berühmte Meisterschale, diese »Salatschüssel«, in die Höhe strecken, ich wollte auf dem Balkon des Münchner Rathauses stehen und mit den Fans des FC Bayern München feiern. Ich wollte die Anerkennung genießen, die man erhält, wenn man eine solche Auszeichnung gewonnen hat. Es ist einfach ein schönes Gefühl, zu merken, dass die eigene Leistung von anderen wertgeschätzt wird. In einem solchen Moment weiß man dann, dass sich all die Anstrengungen gelohnt haben.

[kurz] gesagt

Die Motivation, die von innen kommt, ist die Leidenschaft für eine Sache. Die Motivation, die von außen kommt, ist die Wertschätzung anderer Menschen für das, was man tut, und die Aussicht auf eine gute Zukunft. Beide Arten der Motivation sind wichtig, weil sie sich gegenseitig anstecken können.

Und das kann ich auch euch versprechen: Jeder, der seiner Vision folgt, der beharrlich daran arbeitet, der Reihe nach seine Ziele zu erreichen, wird früher oder später erleben, dass seine Leistung von anderen anerkannt wird, dass er Wertschätzung bekommt für das, was er geschafft hat. Das macht nicht nur stolz und glücklich, es ist auch die Grundlage für eine gute Zukunft. Die Motivation, sich die Wertschätzung anderer Menschen verdienen zu wollen, ist genauso viel wert wie die, die aus der eigenen Leidenschaft entsteht. Beide halten das Feuer am Lodern, sie können sich sogar gegenseitig befeuern. Man beginnt etwas mit Leidenschaft zu tun und merkt, dass andere einen dafür achten. Und das verstärkt dann wieder die eigene Leidenschaft für eine Sache.

Ihr kennt das vielleicht aus der Schule, zum Beispiel wenn ihr beim Schultheater mitmacht: Monatelang trefft ihr euch an den Nachmittagen zu den Proben und lernt abends den Text auswendig. Ihr macht das, weil ihr einfach Freude daran habt, in die Rolle einer anderen Person zu schlüpfen. Aber das allein würde noch nicht ausreichen. Man studiert ja kein Theaterstück ein, das nie vor einem Publikum aufgeführt wird. Je näher die Premiere dann rückt, umso aufgeregter wird die Stimmung unter euch. Und dann kommt der große Moment: Ihr zeigt das, woran ihr über einen so langen Zeitraum gemeinsam gearbeitet habt, euren Eltern und Freunden. Und wenn danach der Schlussapplaus über euch hereinbricht, dann platzt ihr fast vor Stolz und wisst: Jede einzelne Minute, die ihr mit der Vorbereitung für dieses Stück verbracht habt, hat sich gelohnt! Eure innere Motivation verbindet sich mit der Wertschätzung der anderen.

Doch genauso gut kann es passieren, dass die eine Motivation ohne die andere irgendwann abstirbt und eines Tages beide erloschen sind. Aber was tut man dann – wenn man spürt, dass einem innen langsam der

Spaß zu vergehen droht, und es Leute gibt, die einem den weniger werdenden Spaß auch noch verderben wollen?

Mit dem Kahn kann man keinen Titel holen

■ Mein ganzes erstes Jahr in München war, ich kann das nicht anders sagen, ein richtig heftiges Jahr. Es war wie so oft in meiner Karriere. Zunächst schien es, als hätte sich alles gegen mich verschworen. Der Verein war im Jahr davor Deutscher Meister geworden. Mein Vorgänger Raimond Aumann hatte eine Bombensaison gespielt und war inzwischen in die Türkei gewechselt. Ich war mit meinen 24 Jahren sein Nachfolger. Die Mannschaft war damals kein harmonisches Team, jeder suchte noch nach seiner Form, und so gingen die ersten Spiele ordentlich daneben. Wir blamierten uns im DFB-Pokal gegen den Regionalligisten TSV Vestenbergsgreuth mit 0:1 und verloren kurze Zeit später gegen Freiburg mit 1:5. Mit einem Kahn im Tor, so hieß es damals in München schnell, kann man eben keine Titel holen. So ähnlich wie anfangs in Karlsruhe. Die Fans sangen: »Wir wollen Aumann wiederhaben!« Das war von der Wertschätzung, die ich mir in München erträumt hatte, ungefähr so weit entfernt wie die Erde vom Mond. »Na herrlich«, dachte ich mir, »das geht ja gut los. Du kommst zu den Bayern, und was passiert? Im Pokal ausgeschieden, in der Bundesliga fünf Tore kassiert. Das kann ja heiter werden!« Dann kam der November, und es wurde noch viel heiterer. Schon wieder der November!

Wir spielten gegen Bayer Leverkusen, es war ein grauer Samstag. Ich kann mich noch genau an die entscheidende Szene erinnern, sie passierte nach einer halben Stunde: Ein weiter Pass in den 16-Meter-Raum, ich muss in Sekundenbruchteilen entscheiden, ob ich aus dem Tor laufen oder auf der Linie stehen bleiben soll. Ich entscheide mich fürs Rauslaufen – ein großer Fehler. Die Augen auf den Ball gerichtet, pralle ich mit meinem Mannschaftskameraden Markus Babbel zusammen. Ich gehe zu Boden und bleibe mit einem vor Schmerzen pochenden Knie liegen. Und mir ist sofort klar: »Oha, bis das wieder heil ist, wird es einige Zeit dauern!« Die Diagnose bestätigte meine Vermutung: Ich hatte einen Kreuzbandriss, das ist so ziemlich die heftigste Verletzung, die man sich im Fußball zuziehen kann. Die Ärzte sagten mir, dass ich frühestens nach einem halben Jahr wieder im Tor würde stehen können.

Das war ein schwerer Rückschlag, aber irgendwie musste ich mit der Situation klarkommen. Es gab zwei Möglichkeiten: Ich konnte mich deprimiert aufs Sofa legen und darauf hoffen, dass sich meine Situation von allein wieder bessern würde. Oder ich konnte die Zähne zusammenbeißen und aktiv an mir arbeiten, um früher wieder auf dem Platz stehen zu können, als die Ärzte mir vorausgesagt hatten. Auch wenn das im ersten Moment schwieriger erscheint: Wenn man es wirklich geschafft hat, sich nicht hängen zu lassen, ist das ein großartiges Gefühl! Bald nach meiner Operation stand ich im Kraftraum; ich absolvierte meine Übungen mit großer Disziplin, weil ich wusste: Gerade jetzt darf ich nicht nachlassen, gerade jetzt muss ich all meine Motivation zusammennehmen. Aber wie schafft man es, sich zu motivieren, wenn man mit einem Rückschlag zu kämpfen hat?

Mein Notfall-Koffer gegen nachlassende Motivation

■ Man kann ja nicht einfach sagen: So, es läuft zwar gerade nicht rund, mir egal, ich bin einfach trotzdem motiviert. Motivation ist schließlich nichts, was man ganz einfach an- und ausknipsen könnte. Was man aber machen kann, ist sie auszutricksen. Ich habe mir deshalb für solche Momente einen Notfall-Koffer zusammengestellt, keinen echten, sondern einen in meiner Fantasie. In diesen Koffer kommt alles hinein, was mir dabei hilft, mich zu motivieren, gerade wenn es schwierig wird:

Und so sah das Innenleben meines Koffers aus:

- Das Wichtigste, das ich hineingepackt habe, war natürlich meine Vision: Ich will ein berühmter Torwart werden, am liebsten der beste der Welt.

- Dann folgte das Bild, wie es wäre, wenn ich meine Vision bereits erreicht hätte: Ich habe mir ausgemalt, wie es sich anfühlen würde, beim Finale einer Fußball-Weltmeisterschaft im Tor zu stehen. Ich habe mir vorgestellt, wie ich bei der Hymne in einer Reihe mit meinen Mitspielern stehen würde, in einem Stadion mit 80 000 Zuschauern und unzähligen Fernsehkameras, die das Spiel in die ganze Welt übertragen.

- Dazu kam die Überzeugung, dass mir nichts, was mir widerfuhr, etwas anhaben konnte. Ich stellte mir vor, unverwundbar zu sein. Zugegeben, eine ziemlich abenteuerliche Vorstellung, wenn man gleichzeitig auf Krücken durch die Gegend humpelt, aber in meiner Fantasie schmiss ich mich weiter jeden Tag in den Matsch, als wäre nichts geschehen.

- Dann folgte eines meiner beiden »Wundermittel«, ich nenne es das »Cool-Down-Spray«: eine Sprühflasche, die ich immer dann aus meinem Koffer holte, wenn ich den Eindruck hatte, dass mich meine Gefühle, meine Emotionen zu sehr im Griff hatten. Etwa wenn ich im Kraftraum stand und meine Übungen absolvieren musste, während meine Kollegen draußen auf dem Rasen ein kleines Trainingsspielchen machten. Ich hätte natürlich weiter durchs Fenster starren können, voller Trauer darüber, dass ich mit einem kaputten Knie auf dieser blöden Maschine sitzen muss. Stattdessen sprühte ich mich kurz mit meinem Spray ein und konzentrierte mich weiter auf meine Übung.

■ Und zum Schluss packte ich das zweite »Wundermittel« ein: das »Schutz-Spray«. Es wirkt wie ein Anti-Mücken-Mittel. Wenn ich es auftrage, hält es mir alles vom Leib, was mir meine Motivation rauben könnte. Die »Wir-wollen-Aumann-wiederhaben«-Gesänge zum Beispiel oder die Sprüche, dass man mit mir keinen Titel gewinnen könne.

Mit diesem geistigen Notfall-Koffer unter dem Arm bin ich dann jeden Morgen zu unseren Physiotherapeuten spaziert und habe sie gefragt: »Und welche Übungen stehen heute an?« Denn ich wusste: Sollte mir irgendwann an diesem Tag die Lust vergehen, müsste ich nur in meinen Notfall-Koffer greifen – und schon wäre ich wieder motiviert.

Der Trick mit dem Koffer half mir damals sehr, ruhig zu bleiben, nicht an mir und meinem Traum zu zweifeln und nicht den Spaß zu verlieren.

[kurz] gesagt

Man kann seine Motivation nicht einfach so an- und ausknipsen; aber man kann sie austricksen, zum Beispiel mit einem Notfall-Koffer gegen nachlassende Motivation oder Angriffe von außen.

Es hätte in dieser Zeit so viele Möglichkeiten gegeben, die Suche einfach aufzugeben und zu sagen: »So, Schluss jetzt, ich habe keine Lust mehr. Kann mir vielleicht jemand sein Knie leihen, nur für ein paar Monate, bis meins wieder heil ist?«

Stattdessen dachte ich mir: »Mein Leben will mich jetzt testen. Es will von mir wissen, ob ich bereit bin, mein nächstes Ziel zu erreichen. Es will herausfinden, ob ich wirklich alles dafür gebe.« Solche Prüfungen hält das Leben aber nicht nur in Form eines gerissenen Kreuzbands für einen bereit, oft kommen sie auch ganz klein daher, im Alltag. Ihr kennt solche Situationen wahrscheinlich auch: Euer Sportverein reist zu einem großen Turnier, auf das ihr euch alle seit Monaten gefreut und hintrainiert habt – und dann klemmt ihr euch die Hand in der Tür ein und könnt zu Hause bleiben. Oder: Ihr habt euch wirklich intensiv auf eine Prüfung vorbereitet, habt alles dafür getan, sie gut zu bestehen, und dann kommt ausgerechnet die eine Frage dran, von der ihr genau wusstet: »Es darf alles drankommen, alles – nur das nicht.« Ich könnte noch unzählige solcher Beispiele nennen. Überlegt selbst mal, wann ihr euch das letzte Mal gedacht habt: »Das darf doch nicht wahr sein. Ich kann nicht mehr, ich will nicht mehr, ich gebe auf!« Ich bin sicher, jedem wird etwas einfallen. Nicht weil ihr in dem, was ihr tut, nicht gut genug seid, sondern weil es einfach dazugehört. Jeder, der sich intensiv einer Sache widmet, der sich anstrengt, darin richtig gut zu werden, kommt früher oder später an einen solchen Punkt. Und ganz ehrlich: Wenn es immer nur eine Richtung im Leben gäbe, nämlich die nach oben, wenn immer alles klappen würde, was man sich vorgenommen hat, würde das irgendwann ganz schön langweilig werden.

Aber es ist ganz wichtig, sich auf einen solchen Moment zu einem Zeitpunkt vorzubereiten, wo noch alles in Ordnung ist, wo es »läuft«. Dann habt ihr die nötige Ruhe und Gelassenheit, euch zu überlegen, was in euren ganz persönlichen Notfall-Koffer gehört. Setzt euch am besten hin und schreibt eine Liste zusammen mit allem, was ihr einpacken wollt: eure Vision, die Ziele, die ihr bereits erreicht habt, den Stolz darüber, das geschafft zu haben. Vielleicht nehmt ihr auch eines meiner beiden »Wundermittel« mit – egal was, Hauptsache, es motiviert. Und womöglich hilft es euch ja auch, wenn ihr mich und meine Geschichte in euren Koffer steckt, sodass ihr euch immer wieder denken könnt: »Hey, der Oli hat es damals auch gepackt, dann schaffe ich das auch.« Ihr habt dann sozusagen einen Notfall-Koffer als »Kahn-Sonderedition« im Schrank stehen. Und könnt, wann immer ihr das Gefühl habt, dass ihr etwas daraus braucht, den Koffer öffnen und schnell hineingreifen – wie man das bei einem Erste-Hilfe-Einsatz eben macht.

»Oliver, du bist nicht normal!«

◼ Nach dreieinhalb Monaten fing ich wieder zu trainieren. Und nur vier Wochen später dachte ich, dass die Zeit reif sei, um wieder ins Tor zurückzukehren. Sechs Wochen früher, als die Ärzte mir geraten hatten! Mein Umfeld war deshalb, vorsichtig formuliert, nicht ganz meiner Meinung. Da hieß es, der Kahn ist nicht ganz sauber. Selbst unser Trainer Giovanni Trappatoni, der große italienische Signore, sagte zu mir: »Oliver, du hast kaum mit der Mannschaft trainiert, es ist zu früh. Du bist nicht ganz normal.« Und im Rückblick muss ich sagen: Wie gut, dass er sich gegen meinen Dickschädel durchgesetzt hat! Wir mussten im Halbfinale der Champions League bei Ajax Amsterdam antreten, die Niederländer waren damals eine der besten Mannschaften Europas. Die Besten sind gerade gut genug für meine Rückkehr, dachte ich mir. Ich wollte allen beweisen, dass ich stärker zurückkommen würde als vor meiner Verletzung, dass man mit mir sehr wohl große Spiele gewinnen kann. Aber was tat Trappatoni? Er setzte mich einfach auf die Bank. Und hat mich so vor einem der größten Fehler meines Lebens bewahrt.

Wir hatten in dieser Partie absolut keine Chance, die Jungs aus Amsterdam zerlegten uns nach allen Regeln der Kunst. Am Ende stand es 5:2 für den Gegner! Ich weiß nicht, was passiert wäre, wenn ich in diesem Spiel zwischen den Pfosten gestanden hätte. Die Zeitungen hätten wahrscheinlich geschrieben: »Mit Kahn kehrt der Misserfolg zurück zum FC Bayern« oder »Kahn kam, sah – und verlor«. Wer weiß, vielleicht hätte ich mich von diesem Schlag nicht mehr erholt. Vielleicht hätte der Trainer zu mir sagen müssen: »So leid es mir tut, Oli, aber die Verunsicherung in der Mannschaft ist jetzt so groß, dass ich mich nicht mehr auf dich verlassen kann.« Und ich hätte es den Verantwortlichen noch nicht mal übel nehmen können.

Im ersten Kapitel habe ich davon gesprochen, dass es sehr viele Faktoren gibt, die für den Erfolg verantwortlich sind, die man nicht beeinflussen kann. Und dass man sich manchmal auch einfach auf sein Glück verlassen muss. Das war ein solcher Moment. Während des Spiels saß ich ganz still auf der Bank und bedauerte aufrichtig meinen Kollegen Sven Scheuer, der sich dieses Spiel antun musste. Wir hatten immer ein gutes Verhältnis, und er tat mir in diesem Moment genauso leid wie ich ihm, als ich im November davor mit meinem Kreuzbandriss vom Platz getragen wurde. Ich kam schließlich am folgenden Samstag zum Einsatz, im Spitzenspiel gegen Borussia Dortmund. Die Dortmunder waren damals Tabellenführer, wir nur Sechster.

Unter uns: Auch dieser Einsatz kam viel zu früh für mich, ich hatte überhaupt keine Beziehung zu diesem Spiel. Ich stand zwischen den Pfosten wie ein Junge, der auf dem Schulhof den anderen vom Rand aus zusieht, aber nicht so recht weiß, was er da soll. Auch an diesen Nachmittag kann ich mich lebhaft erinnern, solche Momente vergisst man einfach nicht. Ein sonniger Tag, tolles Frühlingswetter, der Ball kommt aus 30 Metern auf mich zugeflogen – und ich? Stehe da und sehe ihm dabei zu, wie er in der Mitte einschlägt. Mir war danach aber Gott sei Dank niemand böse, das Tor fiel erst kurz vor Schluss, als wir bereits 2:0 in Führung lagen. Wir besiegten den Tabellenführer 2:1, und ich war von da an wieder die Nummer 1 im Bayern-Tor. Und blieb es bis zu meinem Karriereende.

Im Lauf der folgenden Wochen spürte ich, wie sich langsam die Stimmung mir gegenüber drehte. Die »Wir-wollen-Aumann-wieder«-Gesänge verschwanden, die Fans registrierten, wie groß mein Wille gewesen war, so schnell wie möglich ins Tor zurückzukehren. Und so passierte das, was ich weiter oben beschrieben habe: Ich erhielt die Wertschätzung von außen, die auch mein inneres Feuer, meine Motivation beständig anfachte.

Und zum Schluss dieser Saison ging sogar etwas in Erfüllung, wovon ich schon als kleiner Junge geträumt hatte, wenn im Fernsehen Spiele der Nationalmannschaft übertragen wurden. Während die Nationalhymne lief, stellte ich mich vor den Fernseher und tat so, als stünde ich in einer Reihe mit den Großen. Jetzt durfte ich mich tatsächlich in diese Reihe stellen und die Nationalhymne hören. Ich wurde Nationalspieler und durfte mein erstes Länderspiel bestreiten! Doch davon erzähle ich euch im nächsten Kapitel.

Meine

11

für
den
Erfolg

Motivation

Motivation ist wie Feuer, das in einem brennt. Und wie bei einem echten Feuer muss man auch bei der Motivation darauf achten, dass sie nicht erlischt. Die Motivation, die von innen kommt, ist die Leidenschaft für eine Sache. Die Motivation, die von außen kommt, ist die Wertschätzung anderer Menschen für das, was man tut. Beide Arten der Motivation sind wichtig, weil sie sich gegenseitig anstecken können und euch auch in schwierigen Situationen helfen können, bei der Stange zu bleiben.

kapitel

05

Wie man sich schrittweise

verbessert

ohne sich zu überfordern.

【oder】

Warum mich ausgerechnet die »Katze von Anzing« als steifen Hund beschimpfte.

Ich habe den Mann, der zum entscheidenden Förderer meiner Karriere werden sollte, zum ersten Mal im Winter 1993 getroffen, auf der Sportschule Schöneck in der Nähe von Karlsruhe. Es war genau die Zeit, als Uli Hoeneß mich anrief und zu mir sagte, dass der FC Bayern München mich verpflichten wollte. Der damalige Bundestrainer Berti Vogts hatte alle aktuellen Nationalspieler zu einem Sichtungslehrgang eingeladen, und weil der zufälligerweise in meiner Heimat stattfand, durfte ich als dritter Torwart auch daran teilnehmen. Dass ich es schon schaffen würde, bei einem Länderspiel im Tor zu stehen, war völlig undenkbar. Die beiden anderen Torhüter, Bodo Illgner und Andreas Köpke, waren zu stark. Ich war deshalb eine Art Schnupperpraktikant: Ich durfte mir mal ein paar Tage lang ansehen, wie es so läuft bei der Nationalmannschaft, doch es war klar, dass ich auf meine Chance, Torwart der Nationalelf zu werden, noch würde warten müssen.

Trotzdem fuhr ich voller Vorfreude zur Sportschule, denn der Torwart-Trainer war kein anderer als Sepp Maier: der Mann, dessen Trikot einst dafür verantwortlich gewesen war, dass ich mich als kleiner Junge überhaupt ins Tor hatte stellen wollen. Er war inzwischen Torwarttrainer sowohl beim FC Bayern München als auch in der Nationalmannschaft. Jetzt konnte ich ihm endlich persönlich zeigen, was ich draufhatte.

Doch die Freude währte nur kurz, sehr kurz sogar: Denn Sepp Maier setzte für Illgner, Köpke und mich eine Trainingseinheit an, die mir noch sehr, sehr lange in den Knochen stecken bleiben sollte. Ausgerechnet der Mann, der in seiner aktiven Zeit wegen seine enormen Sprungkraft und seiner Reaktionsschnelligkeit als

»Katze von Anzing« bekannt geworden war, verpasste mir einen Kater – nämlich einen Muskelkater. Aber was für einen! Nach diesem Training hatte ich Schmerzen am ganzen Körper, jeder Schritt kam mir so beschwerlich vor wie eine Bergbesteigung, ich fühlte mich, als sei eine Dampfwalze über mich hinweggerollt, die jeden einzelnen Muskel einmal ordentlich durchgewalkt hat. Ich hatte sogar Muskelkater in meinen Fingern! Dabei war das, was Sepp Maier mit uns veranstaltet hatte, nichts Besonderes gewesen, ein ganz normales Torwarttraining eben, wie es beim FC Bayern München und der Deutschen Nationalmannschaft üblich war. Ich aber war ein so intensives, auf den Torwart zugeschnittenes Programm einfach nicht gewohnt. Beim Karlsruher Sport-Club hatten wir eine bestimmte Anzahl von Übungen, danach wurde aufs Tor geschossen – das war's. Das war mit dem, was Sepp Maier uns abverlangte, nicht zu vergleichen.

Wie anstrengend diese Einheit für mich war, wollte ich mir aber auf keinen Fall anmerken lassen. Ich hechtete nach jedem Ball – auch noch, nachdem ich mir an der Hand eine Kapselverletzung zugezogen hatte. Ich tat einfach so, als wäre alles in Ordnung. Doch insgeheim spürte ich, dass ich solchen Anforderungen noch nicht gewachsen war. Mit meinen vielen Muskeln, die ich mir antrainiert hatte, war ich nicht beweglich genug. Folgerichtig fiel Sepps erstes Urteil über mich vernichtend aus. Der Kommentar der »Katze« nach dieser Einheit war: »Was ist denn das für ein steifer Hund?«

So vernichtend diese Aussage in dem Moment war, von ihm dieses Urteil zu hören, war letztlich das Beste, was mir passieren konnte. Das Schlimmste, was Sepp

Maier mir hätte antun können, wäre gewesen, mich zu loben. Dann wäre ich womöglich zufrieden und bequem geworden. So aber kitzelte er meinen Ehrgeiz, und ich freute mich schon darauf, vom folgenden Sommer an gemeinsam mit ihm daran zu arbeiten, mich Schritt für Schritt zu verbessern.

Der Sprung über die Hürde

■ Dieses Training in der Sportschule Schöneck war mein erstes Aufeinandertreffen mit Sepp Maier auf dem Platz. Getroffen hatten wir uns aber viele, viele Jahre davor schon einmal.

Sepp Maier, von 1994 bis 2008
Torwarttrainer von Oliver Kahn beim
FC Bayern München

Wie ich den Oliver kennengelernt habe, ist eine sehr lustige Geschichte. Dafür muss ich etwas ausholen. Als ich mit 17 Jahren nach Portugal mit der deutschen Jugendnationalmannschaft zur Europameisterschaft fuhr, hatte ich einen sehr netten Mannschaftskollegen namens Rolf. Beim entscheidenden Spiel gegen Polen im Halbfinale gelang es diesem Rolf, in der 85. Minute das entscheidende Tor zu schießen – nur leider auf der falschen Seite. Er erzielte es gegen mich. Und so verpassten wir das Finale. Da in unserer Mannschaft eigentlich

Leistungsträger wie Franz Beckenbauer und Gerd Müller für die Eigentore zuständig waren, dachte ich mir schon damals: »Dieser Rolf, der hat ganz besondere Fähigkeiten.«

Einige Jahre später stand er dann plötzlich vor meiner Haustür und sagte: »Du, Sepp, ich bin gerade mit meiner Familie auf dem Heimweg vom Urlaub in Italien und wollte nur mal Hallo sagen.« Und dann präsentierte er mir noch einen kleinen Blondschopf, seinen Sohn Oliver, der in der Knabenmannschaft beim Karlsruher Sport-Club spielte und der gern ein Torwarttrikot von mir haben wollte. Offenbar wollte er seiner kleinen Sepp-Maier-Sammlung ein weiteres Original-Trikot hinzufügen. Also ging ich ins Schlafzimmer und zog eines aus dem Schrank. So wurde ich nichts ahnend der erste »Sponsor« von Oliver Kahn. Es vergingen viele Jahre, bis Uli Hoeneß mich 1994 in sein Büro bat und zu mir sagte: »Sepp, ich habe dir einen Edelstein gekauft. Schleif ihn zu einem Diamanten.«

Man kann sagen, dass Sepp Maier den Auftrag von Uli Hoeneß sehr, sehr wörtlich nahm: Er war wirklich ein ordentlicher Schleifer, aber ich meine das im besten Sinn. Ihm habe ich alles zu verdanken, was ich in meiner Karriere erreicht habe. Mit seinem Einfallsreichtum beim Training, mit seiner unermüdlichen Art, mich jeden Tag, in jedem Training zu Höchstleistungen zu treiben, hatte er entscheidenden Anteil daran, dass ich mich beständig verbesserte und später tatsächlich der beste Torhüter der Welt wurde. Doch bis dahin war es noch ein sehr langer Weg. Als ich im Sommer 1994 zum ersten Mal mit ihm auf dem Trainingsplatz des FC Bayern München stand, sagte er zu mir: »Wir werden sehr viel arbeiten müssen, damit aus dir ein großer Torwart wird.«

Und damit sind wir schon mitten drin im Thema dieses Kapitels: Wie verbessert man sich langsam Schritt für Schritt, ohne sich dabei zu überfordern? Das ist eine der entscheidenden Fragen auf dem Weg, seine Vision zu verwirklichen. Denn nichts ist so niederschmetternd wie ständige Überforderung: Man trainiert und strengt sich an, man gibt alles und manchmal sogar noch ein bisschen mehr, um erfolgreich zu sein – und scheitert immer wieder an der gleichen Hürde.

Mir hat einmal ein Coach den Satz gesagt: »Wenn wir im Leben einen Schritt weiterkommen wollen, müssen wir manchmal eine Hürde überwinden.« Das heißt im Umkehrschluss aber auch: Wenn wir ständig an derselben Hürde hängen bleiben, dann kommen wir auch keinen Schritt weiter. Wir landen auf der Nase, versuchen es ein zweites Mal, landen wieder auf der Nase, irgendwann verpassen wir der Hürde einen Tritt und verkriechen uns zu Hause. Weil wir frustriert sind, auf der Stelle treten und so mit der Zeit auch die Motivation verlieren. Die »Vision« begegnet uns dann höchstens noch als »Television«, nämlich wenn wir vor dem Fernseher sitzen und zu nichts mehr Lust haben.

So kommen wir keinen Schritt mehr weiter. Ganz im Gegenteil: Wenn wir erst mal müde vor dem Fernseher sitzen und uns nicht mehr aufraffen können, ist das ein dicker Rückschritt. Deshalb darf es auf keinen Fall so weit kommen. Doch wie kann man verhindern, dass das passiert?

Wenn man mit Disziplin, Hartnäckigkeit und Leidenschaft die Ziele verfolgt, die man sich gesetzt hat, und sie auch erreicht, bedeutet das im Grunde automatisch, dass man sich kontinuierlich verbessert. Denn wir haben unsere Ziele ja so definiert, dass sie uns gerade so viel abverlangen, wie wir leisten können. Schritt für Schritt bauen wir all die Fähigkeiten auf, die wir brauchen, um das nächste Ziel zu erreichen. Die wichtigste Strategie, um das Gefühl der Überforderung zu vermeiden, ist deshalb, sich nicht vom gesetzten Ziel selbst abschrecken zu lassen, weil es einem zu groß, zu unerreichbar vorkommt. Das hatten wir ja schon.

Um eine Verbesserung bei den Fähigkeiten zu erreichen, die man für das nächste Ziel braucht, geht man im Grunde genauso vor wie dabei, den Weg zur Vision in Etappenziele zu unterteilen. Genauso lässt sich nämlich der Weg zu einer bestimmten Verbesserung in einzelne Schritte unterteilen. Man zerlegt diesen Weg so lange in einzelne Schritte und bringt sie in eine sinnvolle Reihenfolge, bis man ganz konkret weiß, wie der erste Schritt aussieht. Ganz konkret! Das ist wirklich entscheidend dafür, die Lust zu entwickeln, loszulegen: Es muss ein Schritt sein, bei dem ihr euch denkt: »Okay, mit dem kann ich jetzt sofort beginnen, ich weiß genau, was dafür zu tun ist.«

Das ist wie beim Joggen – oder wie damals bei mir und dem ungeliebten Waldlauf von Baum zu Baum: Ihr habt euch zum Ziel gesetzt, eine gewisse Strecke in einer bestimmten Zeit zurückzulegen; wenn ihr das Ziel richtig gesteckt habt, wisst ihr auch, dass ihr das nicht aus dem Stand schafft. Ihr müsst Zeit und Trainingseinheiten investieren. Die große Kunst dabei ist, die Latte immer wieder ein bisschen höher zu legen. Natürlich könntet ihr euch, wenn ihr nach ein paar Wochen eure Zeit schafft, auf die Schulter klopfen und sagen: »Hey, super, ich hab's geschafft, jetzt gönne ich mir ein Sahnetörtchen.« Doch dann habt ihr ein gewisses Niveau erreicht – und bleibt stehen. Wer seinen Weg zur Vision aber wirklich zu Ende gehen will, darf in diesem Augenblick nicht stehen bleiben, so groß die Versuchung auch ist, sich ganz bequem im Erreichten einzurichten. Ich habe euch ja schon davon erzählt, dass es in meiner Karriere einige Momente gab, wo ich zufrieden hätte stehen bleiben können: Eigentlich nach jedem Etappenziel, egal ob das FC Bayern München hieß oder Nationalmannschaft. Hätte ich nicht die Leidenschaft und Energie gehabt, mich nach jedem dieser Zwischenziele neu zu fordern, wer weiß, wie lange ich die Nummer 1 geblieben wäre.

Der Wunsch, sich zu verbessern, hängt also direkt damit zusammen, auf seinem Weg weiterzukommen. Und genau wie bei der Zielsetzungskette kommt es darauf an, einen guten Mittelweg zu finden: Die Verbesserung, die ihr erreichen wollt, soll gerade so definiert sein, dass ihr euch nicht über-, aber auch nicht unterfordert. Wer sich überfordert, wird irgendwann an den Punkt kommen, an dem das Gefühl überwiegt: »Ich schaff's einfach nicht, vielleicht bin ich ja wirklich zu schlecht für das, was ich mir vorgenommen habe. Das hat doch alles keinen Sinn.« Und damit stellt ihr letztlich alles infrage, was ihr bisher schon erreicht habt.

Es kommt also auf das richtige Maß an, seinen Ehrgeiz im richtigen Moment zu zügeln und ihn im nächsten wieder von der Leine zu lassen. Und sich, wie bei der Zielsetzungskette, ganz genau zu überlegen, welche Einzelschritte nötig sind, um die Verbesserung zu erzielen, die gerade notwendig ist.

Links vor rechts: Meine schwache Seite

■ Als das Training mit Sepp Maier begann, bin ich genau nach diesem Prinzip vorgegangen. Ich habe mir ganz konkret überlegt: »Was muss ich tun, um mich zu verbessern?« Und da gab es eine ganze Menge. Meine linke Seite zum Beispiel war viel schwächer als meine rechte. Jeder Torwart hat eine Schokoladenseite, auf der er sich sicher fühlt, auf der seltener Fehler passieren als auf der anderen. Bei mir war das die rechte. Also war klar: Der erste Schritt, um mich zu verbessern, bestand darin, meine linke Seite zu trainieren. Auf dem Boden, in der Luft, Hauptsache links. Sepp und ich stellten dafür Hürden in den Strafraum, über die ich hechten und dann den Ball erwischen musste.

Ich kann mich an einen Nachmittag erinnern, da lag die Hürde zunächst auf einer Höhe von 1,40 Meter. Es war schon schwer genug, über diese Höhe zu kommen. Doch dann schraubte er die Hürde irgendwann auf 1,50 Meter. Im ersten Moment sagte ich: »Sepp, spinnst du? Das schaffe ich doch nie!« »Doch«, antwortete er, »das schaffst du.« Also konzentrierte ich mich, er schoss den Ball in die linke Ecke, ich sprang ab – und merkte plötzlich, wie ich tatsächlich über die Stange flog und danach den Ball erwischte. Das wiederholten wir so lange, bis ich irgendwann sagte: »So, und jetzt gehen wir auf 1,60 Meter!« Jetzt war es Sepp, der zu mir sagte: »Spinnst du? Das schaffst du nie!« Ich schloss die Augen, ging kurz konzentriert den Bewegungsablauf durch und bat Sepp dann zu schießen. Er schoss – und ich erwischte den Ball. Danach lag ich auf dem Boden und hatte das dringende Bedürfnis, die ganze Welt zu umarmen.

Allmählich habe ich gemerkt, wie ich Fortschritte machte und mich sicherer fühlte. Also konnte ich den zweiten Schritt folgen lassen. Und so ging es weiter: Schritt für Schritt für Schritt für Schritt für Schritt, langsam und kontinuierlich. Es kam nie der Moment, in dem ich das Gefühl hatte, dass ich an der Grenze zur Überforderung war.

Zugegeben, oft ist es nicht einfach, für sich selbst diesen ersten Schritt zur nächsten Verbesserung zu finden. Aber lasst euch nicht entmutigen, denn ihr seid ja längst losgelaufen! Ihr habt den Mut gehabt, den allerersten Schritt überhaupt zu machen. Dann könnt ihr euch jetzt auch ganz locker die vielen kleinen Schritte zutrauen, die es braucht, damit ihr Stück für Stück besser werden könnt.

Bei einem Torhüter kann man ja relativ einfach sagen, wo es hakt: nämlich da, wo die Bälle einschlagen. Davon ausgehend, kann man das Problem genauer einkreisen: Bin ich besonders auf der Linie schwach? Oder im Überkopfbereich? Bin ich zu unbeweglich? Und so weiter. Ihr werdet sicher mit anderen Dingen konfrontiert sein, als ich damals. Aber vielleicht hilft es euch, die Schwachpunkte zu finden, an denen ihr arbeiten könnt, wenn ihr Antworten auf folgende Fragen sucht:

- Was ist das Wichtigste, was ich können muss, um mein Ziel zu erreichen?

- Was kann ich bereits?

- Wo habe ich noch Schwächen?

- Was sollte ich jetzt ganz konkret lernen?

Macht euch am besten eine Liste, in die ihr genau notiert, was zu tun ist. Und dann überlegt euch eine Strategie, wie ihr die Sache anpacken wollt. Da tickt jeder unterschiedlich. Die einen verfahren nach dem Prinzip »vom Einfachsten zum Schwierigsten«. Das ist im Grunde der logische Weg, weil man sich so nicht überfordert und aus einem Erfolgserlebnis immer genügend Motivation für den nächsten Schritt ziehen kann. Es gibt aber auch Situationen, in denen man nach dem Prinzip »vom Unangenehmsten zum Schönsten« verfahren kann. Ihr kennt das ja, wenn ihr mal wieder etwas auf die lange Bank geschoben habt und euch Tag für Tag mit einem schlechten Gewissen plagt, weil ihr genau wisst: »Eigentlich müsste ich ja noch…aber Lust dazu habe ich keine.« Je länger man aber etwas vor sich herschiebt, umso schwerer wird es.

Zugegeben, manchmal erledigen sich gewisse Probleme von selbst, wenn man sie nur lange genug aussitzt. Aber mal ehrlich: Wie oft klappt das tatsächlich? Die nächste Klausur kommt bestimmt, und je länger man davor die Augen verschließt, umso böser wird das Erwachen werden. Also gebt euch einen Ruck, schließlich geht es ja auch hier darum, besser zu werden, und das kann man nur, wenn man eine Sache aktiv anpackt. Das gilt für den Sport ebenso wie für die Schule oder später den Beruf – und vor allem aber gilt das für die Umsetzung eurer Vision!

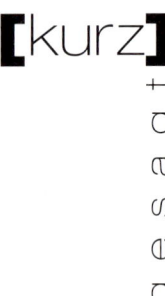

[kurz] gesagt

Um eine Verbesserung einzuleiten, die ihr für das Erreichen des nächsten Zieles braucht, unterteilt man die Arbeit daran in viele einzelne Schritte. Man findet sie, wenn man sich diese Fragen beantwortet: Was ist das Wichtigste, was ich noch können muss? Was kann ich bereits? Und wo hakt es noch? Wenn ihr darauf Antworten gefunden habt, überlegt euch, was ihr noch lernen müsst, um die nächste Stufe zu erreichen.

Denkt immer daran, dass ihr eure Ziele so definiert, dass ihr sie gerade so erreichen könnt; und habt keine Angst davor, dass unterwegs auch mal etwas danebengeht. Ich bin sogar überzeugt davon, dass derjenige, bei dem immer alles glattläuft, sich gelegentlich fragen muss, ob das vielleicht daran liegen könnte, dass er sich die Ziele zu niedrig gesteckt hat. Bei allem, was ihr anstrebt, tauchen zwangsläufig hin und wieder Schwierigkeiten auf. Entscheidend ist, wie man mit Schwierigkeiten umgeht: Man darf sie nicht verstehen als Beweis dafür, dass man unfähig ist oder es »nicht drauf hat«. Begreift Schwierigkeiten als Hinweise darauf, welche Fähigkeiten euch noch fehlen, um diese Situation zu meistern. Und denkt darüber nach, welche Schritte ihr unternehmen könnt, um diese Fähigkeit zu erlernen. In Südafrika, dem Land, in dem im Sommer 2010 die erste Fußball-WM auf afrikanischem Boden stattfand, sagt man etwa: »Es gibt keine Schwierigkeiten, es gibt nur Herausforderungen.« Ich finde, das ist eine sehr inspirierende Sichtweise auf den Umgang mit den eigenen Fähigkeiten. Denn es macht doch bedeutend mehr Spaß, sich Herausforderungen zu stellen als sich mit Schwierigkeiten herumzuplagen.

[kurz] gesagt

Lasst euch nicht aus dem Tritt bringen. Schwierigkeiten sind ganz normal und zeigen, welche Fähigkeiten man noch braucht, um eine Situation zu meistern. Also: Zwischenschritt einlegen und weiter geht's.

»Immer auf dem Sprung«

■ Genau mit dieser Einstellung bin ich jeden Tag zum Training gefahren. Und mein großes Glück war, mit Sepp Maier jemanden an meiner Seite zu haben, der genauso ehrgeizig war und der genauso tickte wie ich. Sepp ist ja schließlich nicht einfach so zum besten Torhüter seiner Zeit geworden. Wie ich hatte er schon als kleiner Junge davon geträumt, einmal im Finale einer Fußball-WM zu stehen. Wie ich hatte er sich durchgebissen, wenn er frühmorgens aufstehen musste, um zum Training zu fahren, während seine Freunde sich höchstens in ihrem Kopfkissen festbissen. Und genau wie ich hatte er sich in den Kopf gesetzt, nicht aufzugeben, ehe er alle seine Ziele erreicht haben würde.

Es gibt ein ganz tolles Buch von ihm, das er mit gerade mal 23 Jahren geschrieben hat. Es heißt *Mensch, Maier*, die Seiten meines Exemplars sind schon ganz vergilbt, weil es so alt ist. Sepp hat darin geschrieben: »Es gibt Tausende von Sepp Maiers, vielleicht mit den gleichen Träumen, mit denselben Wünschen. An Ehrgeiz aber, an Trainingsfleiß darf niemand den Sepp Maier vom FC Bayern übertreffen.« Ganz am Ende dieses Buches gibt es viele Schwarz-Weiß-Bilder, die den jungen Sepp Maier beim Training zeigen. Darauf erkennt man schon, dass er keiner war, der nur auf ausgetretenen Pfaden unterwegs war; sondern einer, der jede Menge Ideen entwickelt hat, wenn es darum ging, sich zu verbessern. Auf einem Bild sieht man zum Beispiel, wie er vor einer Holzwand steht, die Augen konzentriert auf die Wand gerichtet. Hinter ihm wirft sein Trainingspartner den Ball gegen die Wand und Sepp muss blitzschnell reagieren und versuchen, den abprallenden Ball in die Hände zu bekommen.

Das Training mit ihm war hart, aber es hat von Beginn an großen Spaß gemacht, weil ich ständig etwas Neues lernte. Sepps Devise lautete passend zu seinem eigenen Spitznamen: Man muss eine Katze sein, beweglich, geschmeidig, immer auf dem Sprung. Und danach stellte er das Programm zusammen: Ich musste über Hürden fliegen und unten durchkrabbeln. Er spannte eine Plane im Strafraum auf, versteckte sich dahinter und schoss die Bälle entweder drüber oder unten durch so aufs Tor, dass ich sie erst sehr spät sehen konnte. Damit trainierten wir meine Reaktionsschnelligkeit. Es waren tausend verschiedene Übungen, von denen ich vorher noch nie gehört hatte. Sepp Maier hat das Torwarttraining wirklich revolutioniert.

Manchmal haben wir uns auch gemeinsam eine neue Übung überlegt. Bei einer davon lagen Gegenstände wild verstreut im Fünf-Meter-Raum herum, die den Ball wie beim Billard in die unterschiedlichsten Richtungen ablenkten. Es war kaum zu berechnen, wie er aufs Tor kam, und ich musste versuchen, ihn irgendwie abzuwehren, mit der Hand, dem Fuß oder einem anderen Körperteil. Wenn uns Fans beim öffentlichen Training dabei beobachteten, dachten sie sich wahrscheinlich: »Die zwei doch haben nicht alle Tassen im Schrank.« Wir beide aber wussten, dass ich mich nur durch dieses kontinuierliche Training Schritt für Schritt verbessern würde. Nur so wurde der »steife Hund« nämlich mit der Zeit wirklich geschmeidig.

»Versuchs trotzdem!«

■ Doch es war nicht nur mein Körper, der sich im Lauf der Zeit veränderte. Es passierte auch etwas in meinem Kopf. Gerade am Anfang unserer Zusammenarbeit gab es oft die folgende Situation: Der Ball rauscht aufs Tor zu, und ich bin mir sicher, dass ich ihn nicht erreichen kann. Ich fliege zwar durch die Luft, weil ich reflexartig losgesprungen bin, versuche aber erst gar nicht, meine Hand noch an den Ball zu bekommen.

Sepp Maier fragte mich nach solchen halbherzig geflogenen Paraden immer, warum ich meinen Arm nicht mehr ausgestreckt und versucht hätte, den Ball über die Latte zu lenken oder um den Pfosten herum. Ich antwortete dann: »Weil ich ihn sowieso nicht erwischt hätte.« Und Sepps Antwort war immer: »Versuch es trotzdem. Gerade dann!« Ich wusste zunächst nicht, worin der Sinn liegen sollte: Sollte ich meinen Arm nur ausstrecken, damit es besser aussah? Aber dann habe ich seinen Rat beherzigt: Ich machte mich auch in Momenten lang und länger, in denen ich überzeugt davon war, dass ich den Ball nie im Leben würde berühren können. Und es passierte Erstaunliches. Auf einmal merkte ich, dass ich auch Bälle erwischte, von denen ich dachte, sie seien unhaltbar. Manchmal gelang es mir, die Flugrichtung des Balls mit den Fingerspitzen so zu verändern, dass er nicht im Tor landete. Manchmal ging das natürlich auch daneben, aber das war egal. Denn das Entscheidende war, dass ich es überhaupt versucht hatte. Sicher hat mir dabei geholfen, dass ich körperlich immer besser wurde – aber der entscheidende Schalter wurde im Kopf umgelegt.

Ich habe mal einen Satz in einem Zeitungsartikel gelesen, der sehr gut hierhin passt. Er stammt von einem Börsenguru namens André Kostolany und lautet: »Entscheidend für den Erfolg ist, dass man etwas häufiger richtig liegt als falsch.« In meinem Fall kann man das sogar wörtlich nehmen: Ich lag nach einer solchen Parade ja wirklich immer auf dem Boden. Es war dann nicht wichtig, dass ich es immer geschafft hatte, den Ball abzuwehren. Wichtig war nur, dass es mir öfter gelungen war als misslungen. Und deshalb war das Training mit Sepp Maier so toll: Ich spürte, dass ich Schritt für Schritt ein wenig besser wurde, dass ich mich steigerte und diese neu erworbenen Fähigkeiten auch im Spiel zeigen konnte. Dann, wenn es ernst wurde. Das klappte natürlich nicht auf Anhieb, gerade in meinem ersten Jahr bekamen viele von diesen Veränderungen nichts mit. Aber jeder einzelne gehaltene Ball zeigte mir, dass sich die Anstrengungen am Ende auszahlen würden.

Sepp Maier

Es war nicht immer leicht, mit Oliver zu trainieren.
Denn genauso wie er sich selbst im Training alles abverlangte, forderte er auch seine Trainer. Wenn ihm ein Ball nicht scharf genug geschossen war, konnte es schon einmal vorkommen, dass er den Ball nahm und zurückschoss. Wir hatten aber trotzdem eine wunderbare Zeit miteinander. Ich fühlte mich als sein Trainer natürlich ein Stück weit verantwortlich dafür, wie er sich weiterentwickelte. Dass er eine solche Karriere machen würde, habe

ich ihm nicht zugetraut, als er zum FC Bayern München kam. Ja, dachte ich, er wird bestimmt ein guter Torwart werden – aber gute Torhüter gibt es viele. Oliver hat es seinem Ehrgeiz, seiner Einstellung zum Beruf zu verdanken, dass er später zum besten Torhüter der Welt geworden ist. Ich konnte ihn nur zu einem Diamanten schleifen, weil er selbst den Willen hatte, ein Diamant zu werden. Man muss aber auch am richtigen Ort mit den richtigen Menschen zusammenarbeiten, die einen fördern, damit so etwas klappt. Und das war meine Aufgabe. Und deshalb bin ich schon a bisserl stolz darauf, dass ich daran einen Anteil habe. Im Rückblick kann ich sagen: Nicht meine zwanzig Jahre als aktiver Spieler, sondern die 14 Jahre mit ihm waren meine schönsten Jahre beim FC Bayern München.

Ausdauer ist wichtiger als Talent!

■ Sepp Maier hatte recht: Ich wollte ein Diamant werden, ich wollte funkeln und strahlen wie ein Edelstein. Ich spürte, wie ich mich stetig verbesserte, und wusste deshalb, dass meine große Zeit noch kommen würde. Auch wenn mancher Fan das damals anders sah, ich hatte es einfach im Gefühl. Diese Zuversicht kam auch daher, dass ich wusste, wie oft ich mich schon trotz widrigster Umstände am Ende durchgesetzt hatte. Und deshalb verlor ich nie die Nerven. Das ist der große Unterschied zu vielen Leuten, die das »Glück« haben, mit mehr Talent gesegnet zu sein. Wir hatten es ja schon davon, dass Talent allein nicht ausreicht, um im Leben voranzukommen.

Ich glaube, das liegt daran, dass vielen, die sehr talentiert sind in dem, was sie tun, genau solche Erfahrungen fehlen im Leben: das Gefühl zu haben, etwas nicht schaffen zu können – und dann irgendwann zu spüren, dass man es ja doch kann. Das gibt einem nicht nur die Kraft, immer weitermachen und sich verbessern zu wollen, sondern auch eine sehr große Sicherheit. Man weiß, dass man sich auf sich selbst verlassen, sich selbst vertrauen kann. Nichts anderes verbirgt sich ja hinter dem Begriff »Selbstvertrauen«.

Auch in den größten Stressmomenten wurde ich deshalb nie so nervös, dass ich nicht zeigen konnte, was ich draufhatte. Anders als diejenigen, die sich im wahrsten Sinne des Wortes nicht »strecken« mussten, um erfolgreich zu sein, sondern denen immer alles ganz einfach zuflog. Bei solchen Leuten habe ich wirklich oft beobachten können, dass sie, wenn es mal eng wurde, plötzlich nicht mehr in der Lage waren zu zeigen, was sie können.

Das lag vielleicht auch daran, dass sie sich dachten: »Easy, ich bin so gut, dass ich alles schaffe, ohne dass ich mich dafür schinden muss.« Dann trauten sie sich zu viel zu, scheiterten – und konnten sich plötzlich nicht mehr auf sich verlassen. Auf die Selbstüberschätzung folgte ein »Selbstmisstrauen«. Es wurde für diese Leute zu einem richtigen Nachteil, dass sie zu wenige schwierige Situationen bewältigen mussten, in denen sie sich hätten beweisen können, in denen sie ihren Willen einer Prüfung unterziehen mussten, aus der sie erfolgreich und gestärkt hätten vorgehen können.

[kurz] gesagt

Zu spüren, dass man sich allmählich steigert, schafft enormes Selbstvertrauen. Wenn man aber weiß, was man draufhat, kann man auch in schwierigen Situationen ruhig bleiben.

So schwierig mein erstes Jahr beim FC Bayern München begonnen hatte und so beschwerlich es mit dem Kreuzbandriss weiterging, so versöhnlich ging es dann doch noch zu Ende. Nach meiner Rückkehr ins Tor spielten wir den Rest der Saison passabel und landeten schließlich auf Tabellenplatz sechs. Nach dem Selbstverständnis des FC Bayern war das natürlich eine Klatsche, schließlich gehörte die Meisterschale nach München. Aber in Anbetracht des Saisonverlaufs ging das schon in Ordnung, zumal wir das Glück hatten, uns für den UEFA-Cup zu qualifizieren, obwohl der sechste Platz dafür normalerweise nicht ausreicht. Weil aber der Fünftplatzierte Borussia Mönchengladbach den DFB-Pokal gewann, wurde ein weiterer Startplatz frei, und den bekamen wir. Dieses Glück sollte sich noch als sehr wertvoll erweisen.

Doch damit nicht genug: Zum Schluss dieser Saison stand ich sogar zum ersten Mal im Tor der Deutschen Nationalmannschaft! Nach Schöneck war ich ja noch als Nummer 3 eingeladen worden. Aber in der

Zwischenzeit hatte Bodo Illgner seinen Rücktritt aus der Nationalmannschaft erklärt, weshalb Andreas Köpke und ich jeweils um einen Platz nach oben kletterten.

Die Partie, in der ich mein Debüt feiern durfte, war nur ein unbedeutendes Freundschaftsspiel gegen die Schweiz, und mir war klar, dass das bis auf Weiteres ein einmaliger Ausflug von der Bank ins Tor werden würde. Aber das war mir in diesem Moment egal: Ich zeigte eine ordentliche Leistung, wir gewannen 2:1. Ich weiß noch, wie der damalige DFB-Präsident Egidius Braun mich nach diesem Spiel lobte. Sein Lob ging mir runter wie Öl, erst recht nach diesem Jahr, das sich lange so angefühlt hatte, als sei ich eher auf einer dicken Ölspur ausgerutscht.

Und so begann die Sommerpause für mich mit dem Stolz darüber, dieses erste Jahr bei den Bayern trotz aller Schwierigkeiten ganz gut über die Bühne gebracht zu haben. Okay, ich war noch nicht der fertige Diamant, zu dem Sepp Maier mich schleifen sollte. Aber sagen wir es so: Ein paar raue Ecken und Kanten waren weg, der Diamant ließ sich erahnen – und wenn man ganz genau hinsah, konnte man immerhin schon ein kleines Funkeln erkennen.

Das mit den Sommerpausen war übrigens immer ein zweischneidiges Schwert für mich. Jeder braucht mal eine Pause, aber ich grübelte auch im Urlaub andauernd darüber nach, was ich tun könnte, um besser zu werden. Urlaub war für mich damals nicht dazu da, um mich zu erholen. Ich habe stattdessen gedacht: Toll, jetzt kann ich endlich die Dinge in Angriff nehmen, für die ich sonst keine Zeit habe. Also habe ich zum Beispiel an meiner körperlichen Fitness gearbeitet, damit meine Ausdauer nicht nachließ und meine Muskeln geschmeidig blieben. Später kam es sogar vor, dass ich eine Pause, die der Verein mir gönnte, vorzeitig abbrach, weil mir irgendwie langweilig geworden war. Ich wollte einfach unbedingt zurück auf den Trainingsplatz. Ich brauchte den Geruch des Rasens in der Nase, ich wollte wieder einen Ball zwischen den Fingern haben und das Gefühl genießen, nach einer harten Trainingseinheit kaputt in die Kabine zurückzuschleichen.

Heute weiß ich es ein bisschen besser. Man sollte sich ab und zu tatsächlich mal eine Pause gönnen, um zu regenerieren und wieder Kräfte zu sammeln. Hinterher kann man sich mit umso größerem Schwung daran machen, an seinen Fähigkeiten zu feilen. Ohne Pausen besteht die Gefahr, dass man sich irgendwann überfordert, weil der Geist und der Körper müde und ausgelaugt sind. Dann steckt man im berühmten Hamsterrad und hat das Gefühl, dass es sich immer schneller dreht und man den Ausstieg nicht mehr findet.

Es ist gut, den Ehrgeiz zu entwickeln, immer besser werden zu wollen. Aber es ist genauso wichtig, alle fünfe gerade sein zu lassen, den Kopf frei zu bekommen und auch mal über andere Dinge nachzudenken als über den nächsten Verbesserungsschritt. Wenn man immer nur in der Alltagstretmühle feststeckt, ist das ziemlich schwer. Man braucht Ruhe und einen gewissen Abstand zu dem, was einen sonst bewegt. Ich habe es damals nicht immer geschafft, diese Balance hinzubekommen; ich war im wahrsten Sinne des Wortes getrieben – also achtet auf die Signale, die euch euer Körper und euer Verstand sendet, und gönnt ihm und euch eine Pause!

Dann eben der UEFA-Cup!

■ Voll motiviert kam ich im Sommer 1995 aus dem Urlaub zurück. Ich hatte mich an das Umfeld gewöhnt und fühlte mich jetzt sicher. Dass jeden Tag eine Kamera auf mich gerichtet war, machte mir nichts mehr aus. Und ich hatte auch gelernt, mit dem Druck umzugehen, der auf den Spielern des FC Bayern München lastet. Ich wusste ja, dass ich mich nicht nur auf mich selbst verlassen konnte, sondern auch auf Sepp Maier, der immer mehr zu einem engen Vertrauten von mir wurde.

Uli Hoeneß machte uns klar, dass er von uns in der kommenden Saison mehr erwartete als einen sechsten Platz. Denn er hatte ein paar sehr gute neue Spieler gekauft, um die Mannschaft zu verstärken, und einen neuen Trainer verpflichtet: Otto Rehhagel vom Erzrivalen Werder Bremen. Er dirigierte eine Mannschaft mit vielen Jungspunden wie Mehmet Scholl, Markus Babbel und mir und erfahrenen Profis wie Lothar Matthäus und Jürgen Klinsmann. Mit dieser Mannschaft, so dachten wir uns, müssten wir es doch schaffen, wieder ganz nach oben zu kommen und Deutscher Meister zu werden.

Aber um es gleich vorwegzunehmen: Es klappte wieder nicht. Die Konkurrenz aus Dortmund war einfach zu stark, und bei uns im Verein lief auch nicht alles glatt. Otto Rehhagel hatte Schwierigkeiten damit, sich in München zurechtzufinden. Und obwohl ich ihn sehr schätzte, gingen seine Reibereien mit den Journalisten auch an uns nicht spurlos vorüber. Da war es etwas überraschend, dass wir plötzlich im UEFA-Cup Runde um Runde weiterkamen, in dem Wettbewerb also, den wir nur mit viel Glück überhaupt erreicht hatten. Wir spielten uns regelrecht in einen Rausch, beflügelt von der Aussicht, einen internationalen Titel gewinnen zu können.

Ich musste an die magische Stimmung denken, die damals in Karlsruhe nach dem Spiel gegen Valencia geherrscht hatte. Würden wir nun den entscheidenden Schritt weiterkommen? Mit dem KSC war ja im Halbfinale Schluss gewesen. Die Zeichen standen allerdings eher auf Sturm: Ausgerechnet gegen Ende der Saison war die Stimmung in München auf dem Tiefpunkt. Wenige Spieltage vor Schluss wurde Otto Rehhagel entlassen. Franz Beckenbauer übernahm das Kommando. Er brauchte aber nichts anderes mehr zu tun, als wieder für bessere Stimmung in der Mannschaft zu sorgen und uns vor den großen Spielen zu motivieren. Und mit seiner Ausstrahlung und Ruhe schaffte er es, dass wir uns wieder voll auf den Fußball konzentrieren konnten. Unter seiner Regie gewannen wir auf diese Weise tatsächlich das Finale des UEFA-Cups.

Franz Beckenbauer war das fast ein bisschen peinlich, weil er nicht viel zu diesem Triumph beigetragen hatte. Umso mehr freuten wir Spieler uns. Dieser Wettbewerb war damals noch richtig viel wert. Im Halbfinale hatten wir sogar den großen FC Barcelona ausgeschaltet. In der Nacht des 15. Mai 1996 stemmte unser Kapitän Lothar Matthäus den Pokal in die Höhe. Als der Pokal zu mir wanderte und ich ihn mit den Händen über meinen Kopf hob, dachte ich mir: »Jetzt wolltest du unbedingt Deutscher Meister werden und hast den UEFA-Cup gewonnen. Ist doch auch nicht schlecht.«

Es war eine typische Kahn-Situation, wie sie sich in meiner Karriere noch oft wiederholen sollte: Gemeinsam mit meinem Team hatte ich etwas erreicht, woran ich ein paar Jahre vorher noch gescheitert war. Mit dem Karlsruher Sport-Club waren wir damals im Halbfinale des UEFA-Pokals ausgeschieden, mit den Bayern hat es dann geklappt.

Aus diesem Titel habe ich richtig viel Motivation gezogen. Er zeigte mir, dass ich auf dem richtigen Weg war, und bestärkte mich außerdem in meiner Überzeugung, dass man nicht aufgeben darf, wenn man an einer Hürde scheitert. Viel sinnvoller ist es, sich diese Hürde ganz genau anzusehen, sich zu fragen, warum es nicht geklappt hat – und dann einen zweiten Anlauf zu machen. Es gibt einfach kein schöneres Gefühl, als wenn man die Hürde beim zweiten Mal dann übersprungen hat.

[kurz] gesagt

Man darf niemals aufgeben, wenn man an einer Hürde beim ersten Mal scheitert. Viel sinnvoller ist es, sich stattdessen zu fragen, warum man es nicht geschafft hat und was man besser machen kann. Und dann versucht man es ein zweites Mal.

Meine

11

für
den
Erfolg

05

Verbessern

Jede Verbesserung beginnt immer mit der Überlegung, welche Fähigkeiten man noch braucht, um das nächste Ziel zu erreichen. Dazu definiert man der Reihe nach konkrete Schritte, die sofort umsetzbar sind und die aufeinander aufbauen. Auftretende Schwierigkeiten sind Hinweise darauf, welche Fähigkeiten auf dem Weg zum nächsten Etappenziel noch fehlen. So schützt man sich davor, sich selbst zu überfordern, und wird mit einem wachsenden Selbstvertrauen belohnt.

kapitel

06

Wie man seinen

Willen

durch positive Gedanken stärkt.

【oder】

Warum München eines Tages von einem schweren Beben heimgesucht wurde.

Wir starten nun in die zweite Halbzeit. In der ersten ging es darum, wie man eine Vision für sein Leben findet und den Weg dorthin in einzelne Etappenziele unterteilt. Ich habe euch erklärt, wie man auf diesem Weg den ersten Schritt macht, sich unterwegs motiviert und daran arbeitet, sich zu verbessern. Man kann also sagen: Wenn ihr mir bis hierhin gefolgt seid, dann ist in eurem Leben etwas in Bewegung geraten, es »läuft«. Doch was passiert eigentlich, wenn einem unterwegs der Treibstoff ausgeht und der Motor ins Stottern gerät? Wenn ihr aufs Gaspedal drückt und merkt, dass ihr nicht mehr schneller, sondern im Gegenteil immer langsamer werdet? In diesem Kapitel wird es darum gehen, was man tun kann, damit es erst gar nicht so weit kommt.

Während meiner »ich schaff's«-Tour durch die Schulen hat einmal ein Mädchen zu mir gesagt: »Herr Kahn, das ist alles schön und gut, was Sie uns hier erzählen. Aber was macht man, wenn man nicht so einen starken Willen hat wie Sie? Wie soll man dann seine Ziele erreichen?« Sie hat da einen sehr wichtigen Punkt angesprochen: Wenn man keinen starken Willen hat, wird es sehr schwer, unterwegs nicht die Lust zu verlieren, und man läuft Gefahr, einfach stehen zu bleiben.

Wenn die Motivation euer Motor ist, dann ist euer Wille das Benzin. Leider gibt es noch keine Tankstellen, an denen man sich den Willen kaufen und ihn in seinen Tank füllen könnte. Das Gute aber ist: Genauso wie man Öl tief aus der Erde an die Oberfläche holen kann, um es dann zu Benzin zu verarbeiten, könnt ihr die positiven Gedanken in euch nach oben holen und daraus einen starken Willen formen.

Auf ins mentale Trainingslager!

■ Ein starker Wille ist nichts, was vom Himmel regnet. Aber jeder kann seinen Willen so lange trainieren, bis er stark genug ist. Wie das funktioniert, will ich euch in diesem Kapitel erklären. Genauso, wie man in der Lage ist, seine Fähigkeiten zu verbessern, ist es auch möglich, den Willen zu trainieren. Ein starker Wille ist in den meisten Fällen das Ergebnis eines intensiven Trainings. Manche haben zwar das Glück, schon von klein an ihren Willen geschult zu haben, zum Beispiel, weil es ihnen die Eltern beigebracht haben. Auch meine Eltern waren so: Mein Vater hat mir immer wieder gesagt, wie wichtig es ist, dass man das, was man sich vorgenommen hat, auch wirklich umsetzt. Für mich war es deshalb immer vollkommen klar, dass ich mich einer Aufgabe, einem Ziel, das ich mir gesetzt hatte, auch stellen würde. Wegrennen war nie eine Option! Das hat sehr viel dazu beigetragen, dass ich einen so starken Willen entwickelt habe. Aber auch diejenigen, die nicht das Glück haben, den starken Willen frei Haus geliefert zu bekommen, müssen sich nicht damit abfinden. Schließlich gibt es das mentale Trainingslager!

Wichtig ist, dass man zu Beginn eines solchen Trainingslagers etwas ganz Entscheidendes versteht: Ein starker Wille kann nur entstehen, wenn er mit den richtigen Gedanken »gefüttert« wird. Unsere Gedanken sind die Grundlage für alles, was wir erleben: Ob wir glücklich sind oder traurig, zornig oder gelassen, niedergeschlagen oder zuversichtlich, hängt auch davon ab, welche Gedanken wir im Kopf haben. Und das hat dann Auswirkungen darauf, wie wir mit einer Situation umgehen. Wer sich ständig mit traurigen Gedanken herumplagt, hat einen ganz anderen Blick auf die Welt als derjenige, der sich nur fröhliche Gedanken macht.

Es gibt ja das berühmte Beispiel von dem Glas, das für den einen halb voll und für den anderen halb leer ist. Damit ist gemeint, dass man über dieselbe Sache, in diesem Fall ein genau bis zur Hälfte gefülltes Glas Wasser, auf unterschiedliche Weise nachdenken kann. Der eine sagt sich: »Wie schade, die Hälfte ist schon weg, es wird jetzt nicht mehr lange dauern, bis auch die andere Hälfte verschwunden und das Glas komplett leer sein wird.« Er konzentriert sich also nur auf das, was ihm schlechte Laune macht. Der andere aber denkt: »Toll, es ist noch eine ganze Hälfte im Glas, die lasse ich mir jetzt schmecken.« Er bemüht sich, immer auf das zu achten, was ihm guttut, was ihm gute Laune bereitet. Das ist ein großer Unterschied.

Ich habe in einem Buch, das mich sehr beeindruckt hat – es heißt *Die Macht Ihres Unterbewusstseins* –, den Satz gelesen: »Wir sind, was wir denken.« Das ist eigentlich ganz simpel und banal, aber oft enthalten solche Dinge eine ganze Portion Wahrheit. Aber was heißt das genau? Es bedeutet, dass unsere Gedanken verantwortlich dafür sind, was wir aus unserem Leben machen, wie wir handeln und wie wir mit unseren Mitmenschen umgehen. Oft machen wir uns solche Vorgänge gar nicht bewusst: Der Kopf denkt vor sich hin. Wie eine Maschine produziert er unablässig Gedanken, gute oder schlechte, starke oder schwache, positive oder negative. Man könnte es auch so sagen: Was wir an Gedanken in die Maschine werfen, kommt am Ende auch wieder aus der Maschine heraus. Das heißt, die Gedanken, denen wir Zutritt zu unserem Kopf gewähren, haben großen Einfluss auf uns. Wie wir eine Situation einschätzen – als bedrohlich oder als beflügelnd. Wie wir auf einen anderen Menschen zugehen – freundlich oder voller Ärger. Wie wir über unser eigenes Leben nachdenken – voller Optimismus oder eher traurig. Das alles hängt davon ab, welche Gedanken wir im Kopf haben.

Je positiver unsere Gedanken sind, umso positiver werden wir auch neuen Situationen gegenübertreten. Entscheidend ist es deshalb, die guten Gedanken im Kopf zu behalten und die schlechten auszusortieren. Denn nur aus guten Gedanken kann man einen starken Willen formen.

Zugegeben, es ist nicht einfach, das auf Anhieb zu verstehen. Deshalb mache ich es euch anhand eines Beispiels deutlich. Ich kann mich noch lebhaft an einen älteren Mitspieler beim KSC erinnern. Immer wenn wir nach Bremen mussten, begann er schon in Karlsruhe laut vor sich hin zu schimpfen: »Oh Mann, wenn ich nur an das Stadion und die grünen Trikots von Werder Bremen denke… Und dann müssen wir auch noch bei Flutlicht spielen. Wahrscheinlich regnet's eh wieder. Da haben wir nie im Leben eine Chance! Wir werden ganz sicher verlieren.« Ich war damals noch zu jung, um dazu etwas zu sagen, aber im Stillen habe ich mich sehr über seine Einstellung gewundert. Ich dachte mir: »Wie sollen wir denn dort gewinnen, wenn wir schon vor dem Anpfiff fest davon überzeugt sind, dass wir keine Chance haben? Wie können wir uns motivieren, wenn wir eh schon wissen, dass es keinen Sinn hat, sich anzustrengen?« Und natürlich kam es dann auch so: Das Stadion, die grünen Trikots der Bremer, das Flutlicht, der Regen – wir verloren haushoch.

Ihr könntet jetzt einwenden: »Aber, Herr Kahn, kann es nicht einfach sein, dass Ihr Mitspieler die Leistungsstärke des Gegners besser einschätzen konnte als Sie?« So kann man das natürlich sehen. Man kann es aber auch andersherum sehen: Wir haben nicht verloren, weil der Gegner so stark war, sondern weil wir so schwach waren. Und diese Schwäche hatten wir uns selbst zuzuschreiben – weil wir uns schlicht »schwach gedacht« haben. Das bedeutet im Umkehrschluss aber auch: Wer seine Gedanken auf Erfolg trimmt, der wird, in einem gewissen Rahmen, auch Erfolg haben. Das funktioniert natürlich nur, wenn ihr auf einem guten Fundament steht. Wenn ihr für die nächste Klausur keinen Finger krumm gemacht habt, wird das »stark denken« vermutlich genauso gut funktionieren, wie wenn ihr das Lateinbuch unter euer Kopfkissen legt. Wenn ihr aber eine solide Grundlage habt, werden euch positive

Gedanken zusätzlich pushen! In unserem Fall hieß das: Wir hatten gut trainiert, deshalb hätten wir vor unserer Abfahrt nach Bremen auch sagen können: »Toll, wir fahren nach Bremen. In dem Stadion ist immer eine Superstimmung. Das Publikum ist überzeugt davon, dass wir keine Chance haben werden, so wie wir auch in den vergangenen Jahren andauernd verloren haben. Das ist doch ein guter Zeitpunkt, den Spieß umzudrehen. Lasst uns alles dafür tun, das Spiel zu gewinnen.«

Merkt ihr den Unterschied? Während das Denken meines Mitspielers nur ums Verlieren kreiste, beschäftigt sich mein Gegenvorschlag nur mit der Aussicht darauf, was passiert, wenn wir gewinnen. Man muss nicht lange darüber nachdenken, welche Denkdisziplin mehr Motivation verspricht. Wer könnte sich schon motivieren, wenn die »Belohnung« eine satte Niederlage ist? Es freut sich ja auch niemand darauf, sich für eine tolle Leistung mit einem ausgedehnten Spaziergang am Meer zu belohnen, bei dem es in Strömen regnet und einem die Nässe bis in die Unterwäsche kriecht.

Keiner von uns beiden wusste vor dem Spiel in Bremen, wer am Ende recht behalten würde. Das Spiel musste ja erst einmal gespielt werden. Wenn wir aber im Vorfeld beide nicht wissen konnten, was am Ende herauskommen würde: Warum sollten wir uns dann nur mit den Dingen beschäftigen, die uns runterziehen? Wäre es nicht viel schlauer, die Gedanken nur um das kreisen zu lassen, was uns im wahrsten Sinne des Wortes »hochzieht«?

Denkt mal darüber nach! Ich bin mir sicher, jeder kennt so ein »Bremen-Spiel«: Wie war das vor der letzten Klausur, als ihr mit euren Freunden vor dem Klassenzimmer gestanden seid? Wer war überzeugt davon, es zu schaffen? Wer hat die ganze Zeit herumgejammert nach dem Motto »Ich kann das nicht, ich bin nicht gut vorbereitet, ich schaff das sowieso nicht«? Wer von vornherein mit dem Gefühl des Versagens an eine Sache herangeht, der wird daran mit ziemlicher Sicherheit scheitern. Denn wer davon überzeugt ist, dass er keine Chance hat, der hat auch keine.

 **[kurz] gesagt**

Wenn unser Denken nur darum kreist, dass etwas nicht klappen wird, ist die Chance sehr groß, dass es auch tatsächlich so kommt. Wer in dem, was er vor sich hat, erfolgreich sein möchte, muss an seinen Erfolg auch wirklich glauben.

Die wichtigste Botschaft dieses Kapitels lautet deshalb: starkes Denken. Denn starkes Denken ist auch die wichtigste Grundlage für einen starken Willen. Die Kunst besteht nun darin, seinen Kopf so zu trainieren, dass er den positiven Gedanken sozusagen »Vorfahrt« einräumt und all die negativen mit der Kelle winkend gleich aus dem Verkehr zieht. Das funktioniert wirklich. Unser Wille lässt sich nämlich genauso trainieren wie ein Muskel.

»Und eins und zwei«: Das Training unseres Willens

■ Niemand wird mir widersprechen, wenn ich sage: Wer starke Muskeln haben möchte, muss sie trainieren. Wer zum Beispiel einen muskulösen Oberarm haben möchte, muss regelmäßig ein paar Liegestütze machen oder Gewichte stemmen. Man wiederholt die Übungen immer wieder in der gleichen Bewegung, so lange, bis der Muskel müde ist. Und wenn er sich erholt hat, geht es wieder von vorne los.

Das Training, das man absolvieren muss, um seinen Willen und sein Denken zu stärken, ist damit vergleichbar. Es geht darum, in seinem Kopf mithilfe von verschiedenen Übungen regelmäßig bestimmte Gedanken zu trainieren, bis sie so stark sind, dass wir uns zu jeder Zeit auf sie verlassen können. Man schickt den Kopf gewissermaßen in einen »Parcours des starken Willens und Denkens«.

Ein solcher Parcours kann etwa darin bestehen, für bestimmte Situationen, die in eurem Leben immer wieder auftreten, einen entsprechenden positiven Gedanken zu entwickeln. Bei mir sah dieser Parcours zum Beispiel so aus (der hat natürlich wieder mit Sport zu tun, das liegt aber daran, dass der Fußball zu dem Zeitpunkt schon zu meinem Beruf geworden war):

Situation 1   Im vorherigen Spiel ist mir ein blöder Fehler passiert, der mir noch eine Woche später auf die Nerven geht.

»Gestern war gestern, heute ist heute. Ich habe aus dem Fehler gelernt und heute wird mir ein gutes Spiel gelingen.«

Situation 2   Ich konnte tagelang nicht richtig trainieren, weil in meinem Körper etwas furchtbar gezwickt hat.

»Ich habe in den vergangenen Jahren so viel an Erfahrung gesammelt, dass mir die beiden fehlenden Tage nichts ausmachen werden. Ich habe über Nacht das Torwartspiel ja nicht verlernt. Im Gegenteil: Die Pause war wichtig für mich, sie hat mir sogar geholfen.«

Situation 3   Wir stehen im Kabinengang eines Fußballstadions, in dem 60 000 Zuschauer auf uns warten, die gegen uns sind.

»Das Pfeifen der Zuschauer wird meinen Ehrgeiz noch mehr anstacheln, sodass meine Konzentration sich noch weiter steigern wird.«

Situation 4   Wir stehen vor einem wichtigen Spiel, das wir auf keinen Fall verlieren dürfen, sonst sind wir draußen.

»Toll, in solchen Situationen kann ich immer die beste Leistung aus mir herauskitzeln und alles für den Sieg geben.«

Situation 5   Beim Aufwärmen habe ich schon gemerkt, dass ich heute keinen guten Tag erwischt habe. Ein paar Bälle sind mir einfach so durchgerutscht, ich konnte die Flanken nicht erwischen. Jetzt hat das Spiel begonnen und ich denke mir: »Mach jetzt bloß keinen Fehler!«

»Ich richte meine ganze Aufmerksamkeit nun voll darauf, das Richtige zu machen. Es kann nur noch besser werden.«

Ihr merkt: Es geht bei einem solchen Parcours nicht darum, sich in eine Traumwelt zu verabschieden, in der plötzlich alles nur noch in rosafarbenen Tönen gestrichen ist. Es geht vielmehr darum, seine Sicht auf die Dinge zu verändern, mit denen man konfrontiert ist – und zwar so, dass man so lange seine Halb-voll-Haltung trainiert, bis sie einem in Fleisch und Blut übergegangen ist. Nehmen wir noch einmal das Beispiel einer anstehenden Klausur: Ihr fühlt euch nicht gut, weil ihr schlecht geschlafen habt und der Meinung seid, ihr hättet euch besser auf diese Prüfung vorbereiten können. Natürlich könnt ihr euch jetzt denken: »Verdammt, das wird nichts. Vor mir liegt eine furchtbare Stunde, ich werde keine keine einzige Frage beantworten können. Das kann nur eine schlechte Note geben!« Genauso könnt ihr euch aber auch denken: »Ich weiß, worum es in der Prüfung gehen wird. Gut, ich werde vielleicht nicht jede Frage beantworten können. Aber ich weiß auf jeden Fall genug, um einigermaßen durchzukommen. Jetzt setze ich mich kurz hin, schließe die Augen und konzentriere mich. Dann geht's los. Und beim nächsten Mal fange ich eben ein bisschen früher mit dem Lernen an.«

So »programmiert« man sich allmählich darauf, aus jeder Situation das Beste zu machen. Gut, das ist manchmal schon die pure Selbsttäuschung, weil man gegen sein Innerstes ankämpfen und sich auch etwas vormachen muss. Nehmen wir nur die letzte Situation, die ich wirklich sehr oft erlebt habe: Schon am Morgen beim Duschen spüre ich, dass das nicht mein Tag wird. Ich bin unausgeschlafen, die Müdigkeit verschwindet auch auf dem Weg zum Stadion nicht, und dann stehe ich auf dem Rasen wie ein Schluck Wasser in der Steilkurve, und mein erster Gedanke ist: »Komm, vergiss es, am liebsten würde ich gleich nach Hause fahren.«

Aber ich spürte in solchen Momenten, dass ich mich auf meinen Willen verlassen konnte, ich hatte ihn ja schon von früh an genauso intensiv trainiert wie meinen Körper. Ich war ja immer wieder gezwungen, meine Betrachtungsweise auf »halb voll« zu stellen, etwa wenn wieder mal jemand zu mir sagte: »Oli, ab in die zweite Reihe!« Ich hätte mir in solchen Momenten denken können: »Warum immer ich? Steht bei mir etwa ›Achtung, hier kommt der Torwart-Trottel!‹ auf der Stirn?« Stattdessen blieb ich immer ruhig und dachte mir: »Meine Zeit wird schon noch kommen.«

Und so wusste ich mir auch später immer zu helfen, wenn ich auf dem Platz stand und mich eigentlich elend fühlte. Ich dachte mir: »Hey, gegen deine miese Stimmung musst du etwas unternehmen. Sich in einer solchen Verfassung in ein Spiel zu stürzen bringt nichts. Sieh es doch mal anders: Du bist optimal vorbereitet, es kann eigentlich gar nichts passieren.« Und ganz langsam merkte ich, wie mein Wille die schlechte Stimmung aus dem Kopf schob.

Das ist das, was damit gemeint ist, wenn man sagt, dass ein Sportler im ständigen Kampf gegen sich selbst steht. Es ist nicht nur ein Kampf gegen den eigenen Körper, weil der nicht mehr kann. Es ist auch ein Kampf gegen die Welt der eigenen Gedanken, die Zweifel schüren und immer wieder versuchen, einen daran zu hindern, bestimmte Dinge zu erreichen. Aber es gibt Strategien, wie man diese Gedanken austricksen kann. Von meinen Waldläufen habe ich euch ja schon erzählt. Es gab aber noch unzählige Situationen mehr, in denen mir meine Gedanken Steine in den Weg legen wollten und ich mit ihnen so lange rang, bis ich sie besiegt hatte. Ich bin zum Beispiel ein leidenschaftlicher Skifahrer. Es kam oft genug vor, dass ich oben am Hang stand und mir dachte: »Ui, ui, ui, das ist ganz schön steil.« Ich vertrieb diesen Gedanken schnell aus dem Kopf und ersetze ihn dadurch, dass ich mir vorstellte, wie ich auf diesem Hang in schönen, eleganten Kurven nach unten fahren würde. Mutig, aber nicht übermütig, mit Köpfchen, aber nicht kopflos. Ich malte mir aus, wie gut es sich anfühlen würde, am Lift anzukommen. Und nachdem ich im Geiste die Fahrt sicher nach unten gebracht hatte, öffnete ich die Augen, stieß mich langsam ab und fuhr los.

Also überlegt euch mal, welche Gedanken es bei euch sind, die euch das Leben schwer machen wollen? Vielleicht etwas wie: »Ich habe schlecht geschlafen, mir geht heute alles auf den Keks. Es soll mich bloß keiner ansprechen.« Oder: »Warum hat sich die ganze Welt nur gegen mich verschworen? Hängt ein großes Schild um meinen Hals, auf dem ›Ich bin der Depp der Nation‹ steht?« Dann arbeitet daran, diese Gedanken aus euren Köpfen zu verscheuchen und sie durch neue, positive zu ersetzen. Nehmt euch Zeit und überlegt euch euren ganz persönlichen »Parcours des starken Willens und Denkens«.

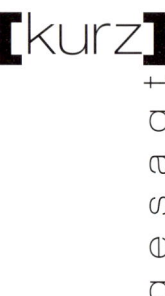

[kurz]

gesagt

Der Wille lässt sich genauso trainieren wie der Körper. Man kann ihn in einen »Parcours des starken Willens und Denkens« schicken. Die Übungen bestehen aus bestimmten Situationen, auf die man mit Gedanken reagiert, mit denen man das Beste aus einer Situation herausholt. Denn in jeder Situation steckt auch etwas Gutes.

Bloß nicht übertreiben!

■ Ich habe so ein Mental-Training immer sehr gern absolviert, nicht erst als ich beim FC Bayern spielte, sondern schon als Jugendlicher. Fast täglich habe ich meinen Willen durch einen solchen Parcours geschickt, ich las Bücher aus Amerika, in denen die Botschaft lautete: »Denke positiv, sei positiv – und alles wird gut.« Und im Kino liefen Filme wie »Rocky« und »Rambo«, die auch nur eine Botschaft hatten: Wer hart arbeitet, kann alle seine Ziele erreichen. Mich hat das sehr beeindruckt. Das ging sogar so weit, dass ich Zettel an meinen Badezimmerspiegel geklebt habe, auf denen stand: »Du bist besser als dein Konkurrent. Du wirst ihn irgendwann überholen.«

Mir hat das damals sehr geholfen, auch wenn es zum Teil sehr banal und übertrieben war. Im Kern stimmen die Botschaften ja, aber trotzdem will ich euch darauf hinweisen, dass man es mit dem Positiv-Denken manchmal auch übertreiben kann. Mein Ansatz war es nie, auf eine dicke Nebelwand zu starren und mir zu denken: »Ach, das ist aber eine tolle Aussicht, ich kann bis zum Meer schauen.«

Es ist ein großer Unterschied, ob man versucht, aus einer Situation das Beste zu machen, oder sich damit zufriedengibt, sie sich nur schönzureden. Um beim Bild des Nebels zu bleiben: Der »Aus-allem-das-Beste-Macher« sucht so lange nach einer Lücke im Nebel, bis er das Meer dahinter tatsächlich erkennen kann, und wenn er keine Lücke findet, dann wartet er eben darauf, dass sich der Nebel lichtet.

Der »Schön-Redner« stellt einfach eine Plakatwand vor den Nebel – mit einem tollen Bild vom Meer. Für den Moment sieht es zwar so aus, als sei das eine Eins-A-Lösung. Das Problem aber ist, dass er dann gar nicht mehr registriert, was sich hinter der Plakatwand abspielt. Er sieht zwar das Meer, aber es ist nicht das echte. Es ist nur eine Illusion. Er verschließt die Augen vor der Wirklichkeit.

Seinen Willen zu trai-
nieren bedeutet nicht,
dass man zum Meis-
ter im Schönfärben
werden soll. Es ist ein
großer Unterschied, ob
man versucht, aus je-
der Situation das Beste
zu machen, oder sich
mit Phrasen den Him-
mel blauer redet als er
tatsächlich ist.

»Hoch die Schale«: Meine erste Deutsche Meisterschaft!

■ Es gibt das Sprichwort: Aller guten Dinge sind drei. Damit war zu Beginn der Saison 1996/1997 für mich klar, unter welchem Motto das vor mir liegende Jahr stehen würde: Ich! Will! Meister! Werden! Ich war schließlich nach München gekommen, um genau dieses Ziel zu erreichen. In zwei aufeinanderfolgenden Jahren hatte ich es verpasst. Und trotz des Gewinns des UEFA-Pokals kam es mir vor, als würde hinter jeder Straßenecke jemand stehen und in meine Richtung flüstern: »Mit dem Kahn kann man eben nicht Meister werden, mit dem Kahn kann man eben nicht Meister werden.« Doch ich hatte ja gelernt, wie man auch aus solchen Sprüchen etwas Positives ziehen konnte. Also flüsterte ich im Geiste zurück: »Natürlich kann man mit dem Kahn Meister werden – aber eben nicht gleich beim ersten Mal!« Mit dieser Einstellung bin ich in diese Saison gestartet. Diesmal musste es einfach klappen!

Am Ende der ersten Saisonhälfte standen wir schon mal ganz oben. Das war wichtig, weil wir uns so in der Vorbereitung auf die Rückrunde immer wieder gegenseitig anstacheln konnten: Wir waren auf Platz eins und deshalb nicht darauf angewiesen, dass eine andere Mannschaft patzte. Wer Meister werden wollte, musste uns erst einmal schlagen – und so lange wir das nicht zuließen, würde es auch keinen anderen Meister geben als uns. Eigentlich ganz simpel. Es wurde natürlich dann doch nicht so einfach, wie wir uns das gewünscht hatten. Anfang März verloren wir 2 : 5 gegen Bayer Leverkusen. Eine richtige Klatsche. Es war ein sehr hektisches Spiel, es ging ja um viel. Es fielen nicht nur fünf Tore gegen uns, es bekamen auch fünf Spieler aus unserer Mannschaft eine gelbe Karte. Einer davon war ich selbst. Damit war die Tabellenführung fürs Erste weg, und wir brauchten ein paar Wochen, um sie wieder zurückzuerobern.

Am 24. Spieltag kehrten wir zurück an die Spitze, und von diesem Tag an sagten wir uns bei jedem Training: »Noch mal passiert uns das nicht! Wir geben diesen Platz jetzt nicht mehr her!« Es waren noch zehn Spieltage bis zum Schluss – zehn Spieltage, die darüber entscheiden würden, ob man mit dem Kahn Meister werden konnte oder nicht. Wie ein Türsteher vor der Diskothek wachte der Wille in meinem Kopf darüber, dass sich kein negativer Gedanke einschleichen konnte. Kein »Und was passiert, wenn wir doch noch einmal verlieren?« und kein »Ach, auch nicht so schlimm, dann werden wir eben im kommenden Jahr Meister!« Gemeinsam mit Sepp Maier trainierte ich so hart, wie es mir mein Körper erlaubte, und manchmal sogar noch ein bisschen härter. Und wenn es samstags aufs Spielfeld ging, machte ich alles genauso wie immer.

Die Macht der Routine

■ Das hat seinen guten Grund: Zur Kunst der »Positiv-Programmierung« gehört nämlich nicht nur, dass man seinen Kopf im Stark-Denken trainiert, sondern auch, dass man bestimmte Routinen entwickelt. »Routine« bedeutet, dass man einen bestimmten Vorgang immer in der genau gleichen Art und Weise erledigt. Ich habe vor jedem Bundesligaspiel die gleichen Rituale durchlaufen, und das fing schon im Hotelzimmer an. Ich legte mich auf den Boden meines Zimmers, beruhigte meine Atmung und stellte mir vor, wie ich im Spiel später die Flanken aus der Luft pflücken und ein paar »Unhaltbare« um den Pfosten lenken würde. Ich bereitete mein Gehirn auf das vor, was nun kommen würde, damit es erst gar nicht auf die Idee kommen konnte, mich mit negativen Gedanken zu stören. Dann ging es mit dem Bus ins Stadion; immer der gleiche Platz, immer die gleiche Musik. Auch in der Kabine setzte sich meine Routine fort. Ich machte dort immer alles in der genau gleichen Reihenfolge: Umziehen, 15 Minuten Gymnastik, raus aufs Spielfeld zum Warmmachen, immer exakt 40 Minuten vor Spielbeginn. Eine Viertelstunde vor Anpfiff zurück in die Kabine, Anziehen der Spielkleidung, raus auf den Platz. Ganz ruhig, ohne jede Hektik. So stimmte ich mich auf das ein, was vor mir lag. Das vermindert den Druck. Denn dann weiß ich: Hey, die Situation kenne ich ja schon, die habe ich in der Vergangenheit oft bewältigt, es kann nichts passieren.

Es gibt Leute, die neigen dazu, in einem Moment, in dem es um alles geht, alles ganz anders machen zu wollen. Sie sagen sich: »Heute ist es besonders wichtig, heute stehe ich vor einer außergewöhnlichen Situation. Und außergewöhnliche Situationen erfordern außergewöhnliches Handeln.« Damit entscheiden sie sich zielsicher für die grundfalsche Herangehensweise. Es gibt keinen Grund, etwas zu ändern, nur weil sich die Situation verschärft hat. Im Gegenteil: Gerade jetzt ist es besonders wichtig, dass alles genauso abläuft wie immer, wie bei einem Uhrwerk. Achtet zum Beispiel mal darauf, wie sich Basketballer auf einen Freiwurf vorbereiten. Der eine fasst sich dreimal an die Nase, der andere kratzt sich am Ohr. Es ist immer die genau gleiche Handlung, ganz ruhig, ohne Nervosität. Diejenigen, die diese Technik beherrschen, sind meistens auch die, die an der Freiwurflinie traumwandlerisch sicher ihre Bälle in den Korb werfen. Sie haben sich solche Tricks im Training zurechtgelegt und wieder und wieder eingeübt, damit sie dann, wenn es ernst wird, wissen: »Das, was jetzt auf mich zukommt, habe ich schon mal erlebt. Und ich habe es erfolgreich gemeistert. Es gibt also keinen Grund, nervös zu werden!«

Denkt darüber nach, was ihr für eine Routine entwickeln könnt, die euch dabei hilft, in entscheidenden

Momenten ganz ruhig zu bleiben. Und sei es, mit beiden Händen eure Ohrläppchen zu berühren und dabei die Backen dick aufzublasen. Wenn es hilft, ist alles erlaubt – auch wenn es seltsam aussieht.

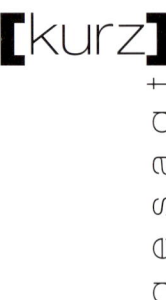

[kurz] gesagt

Zu einem starken Willen gehört auch, im entscheidenden Moment die Nerven zu behalten. Dabei hilft Routine, denn durch sie erkennt man: »Das, was jetzt auf mich wartet, habe ich doch schon mal erlebt. Und ich habe es erfolgreich gemeistert. Es gibt also keinen Grund, nervös zu werden.«

Am 31. Spieltag half jedoch auch all meine Routine nicht. Mir gelang es zwar, meinen Kasten sauber zu halten, aber dafür trafen unsere Stürmer einfach nicht. Das Spiel gegen den SC Freiburg endete 0 : 0, unser unmittelbarer Konkurrent Bayer Leverkusen fegte aber gleichzeitig den Hamburger SV mit 5 : 0 vom Platz und rückte damit bis auf einen Punkt an uns heran. Unser Vorsprung war so minimal, dass ich mir kurz dachte: »Das darf doch nicht wahr sein, haben wir die Meisterschaft etwa schon wieder hergegeben?« Aber wirklich nur kurz, danach schaltete ich sofort wieder auf den Positiv-Modus um. Wir hatten ja noch einen Punkt Vorsprung. Wenn wir die verbleibenden Spiele gewannen, konnten die Spieler von Leverkusen machen, was sie wollten: Sie würden nicht an uns vorbeiziehen.

Der Countdown läuft

■ Am vorletzten Spieltag traten wir zu Hause gegen den VfB Stuttgart an. Diesmal war sogar mein Vater im Stadion. Seit meinem Wechsel nach München kam er nur noch selten zu einem Spiel von mir, er sah sie lieber im Fernsehen an. Aber den Moment, an dem sein Sohn womöglich zum ersten Mal die Meisterschale in den Himmel strecken würde, wollte er sich dann doch nicht entgehen lassen.

Der VfB war kein kleines Kaliber, mit den Schwaben hatten wir immer wieder um den ersten Platz gerangelt. Unser Konkurrent um die Meisterschale, Bayer Leverkusen, lag eine halbe Stunde vor Schluss bereits mit 0:3 hinten. Damit war klar: Wenn wir unser Spiel gewinnen, sind wir Deutscher Meister. Deutscher! Meister! Zu diesem Zeitpunkt stand es bei uns allerdings erst 2:2, wir brauchten noch mindestens ein Tor.

In der 65. Minute fällt das 3:2 für uns. Es sind nur noch 25 Minuten bis zur Meisterschaft! Das Stadion vibriert, die Meisterschaft wird sich hier entscheiden, hier auf dem Rasen des Münchner Olympiastadions. Zehn Minuten später bekommt unser Stürmer Marcel Witeczek den Ball. Er steht 30 Meter vor dem Tor und zieht einfach ab. Ich stehe genau auf Höhe des Balls, nichts versperrt meine Sicht. Ich kann die Flugbahn genau vorausberechnen und sehe schon nach zehn Metern, dass der Ball einschlagen wird. Er fliegt und fliegt, es ist, als ob das ganze Stadion den Atem anhält. Es sind nur noch wenige Meter bis zum Tor – und dann schlägt er genau im Winkel ein. Es steht 4:2. Wir haben es geschafft! Wir sind Deutscher Meister!

Ich sinke auf den Boden. Plötzlich bricht alles aus mir heraus. All die Erinnerungen an den Knirps, der mit einem Sepp-Maier-Trikot vor dem Spiegel steht. Die Traum-Spiele im Schatten des Wildparkstadions, und natürlich die Trainingseinheiten mit meinem Vater am Sonntagvormittag, bei denen er die Flanken in die Mitte schlägt und die Spaziergänger uns den Vogel zeigen.

Rolf Kahn, Vater

Es war ein sonniger Nachmittag, das Stadion rappelvoll. Nach diesem Tor war um mich herum natürlich die Hölle los, alle lagen sich in den Armen. Ich hatte aber nur Augen für meinen Sohn, weil ich wusste, was ihm dieser Moment bedeuten musste. Endlich war er an seinem großen Ziel angekommen, für das er all die Jahre so aufopferungsvoll und leidenschaftlich gearbeitet hatte. Gerade das erste Jahr in München war für ihn ja ungemein hart. Es ist eben etwas anderes, in München im Tor zu stehen, wo ein Titel immer auch die Erfüllung einer Verpflichtung ist, als in Karlsruhe zu spielen, wo jeder Erfolg noch als Sensation gewertet wird. Das war nicht so schön, wie sich das alle immer vorgestellt haben. Die Fans sind begeistert, aber die

Spieler wissen: Im kommenden Jahr geht alles wieder von vorn los. Nach diesem Tor war das aber für einen Moment völlig egal. Da hat sich alles entladen. Oliver lag auf dem Boden, sein ganzer Brustkorb bebte. Ich habe ihn selten so erlebt wie an diesem Nachmittag. Da wusste auch ich, dass sich all die Anstrengungen der Jahre davor gelohnt hatten.

Wolken kommen und gehen

■ Dieser Nachmittag war ein entscheidender Wendepunkt in meiner Karriere: Vieles, was ich bis dahin erlebt hatte, kam mir beschwerlich und anstrengend vor, und ich musste oft meinen ganzen Willen zusammennehmen, um nicht die Motivation zu verlieren. Doch mit diesem Titel fiel eine große Portion meines inneren Drucks ab, weil ich nun wusste, dass ich noch immer auf dem richtigen Weg war. Plötzlich kam mir alles ein bisschen einfacher vor. Im Rückblick muss ich sagen, dass ich es mir oft nicht gerade leicht gemacht habe, weil ich manchen Gedanken zu viel Platz eingeräumt habe. Ich habe einige Jahre gebraucht, um zu verstehen, dass man seinen Willen auch dadurch stärken kann, dass man manche Gedanken einfach durch den Kopf ziehen lässt wie eine Wolke. Ich habe irgendwann damit begonnen, mir das Innere meines Kopfes vorzustellen wie einen blauen Himmel an einem strahlenden Sommertag. Die Gedanken, die im Kopf entstehen, sind wie Wolken, manchmal weiß und voller Leichtigkeit, manchmal grau und bedrohlich. Aber genauso, wie jede Wolke irgendwann weiterzieht, verschwindet auch jeder Gedanke wieder. Warum also sollte man sich zu lange mit Gedanken beschäftigen, die nur versuchen, uns zu schwächen? Wenn ein solcher Gedanke im Kopf auftaucht, denke ich mir: »Ach, der ist doch auch gleich wieder weg. Durch meinen Kopf ziehen so viele Gedanken, warum sollte ich ausgerechnet diesen ernst nehmen?« Zugegeben: Als ich selbst noch ein Jugendlicher war, verdeckten manchmal wahre Gewitterfronten über Wochen die Sicht auf den blauen Himmel in meinem Kopf. Ich glaube, das ist in diesem Alter auch ganz normal. Aber aus heutiger Sicht muss ich sagen: Ich hätte es mir manchmal selbst ein Stück leichter machen können. Wenn ich nicht jeden Gedanken immer behandelt hätte, als wäre er der wichtigste des ganzen Universums. Aber vielleicht gelingt es euch ja besser als mir damals, manche Gedanken einfach durch den Kopf ziehen zu lassen: zum einen Ohr rein und zum anderen schnell wieder raus. Wenn eure Mutter euch bittet, den Tisch abzudecken oder den Müll runterzubringen, klappt das mit dem »Gedanken-durch-den-Kopf-ziehen-lassen« doch auch ganz gut …

Ich habe die Erfahrung gemacht: Wenn man etwas ganz dringend erreichen möchte, kommt einem der Weg bis dorthin wahnsinnig lang und anstrengend vor. Es ist ewig hart und schwer, und man muss sich immer wieder aufraffen, um seine Motivation nicht zu verlieren. Dann klappt es einmal – und von da an kommt einem alles viel einfacher vor. Denn man denkt sich: Wenn ich es das erste Mal geschafft habe, dann schaffe ich es ja wohl auch ein zweites Mal. Und wenn ich es ein zweites Mal geschafft habe, dann bestimmt auch ein drittes. Man hat einfach die Gewissheit, dass man das, was man sich vorgenommen hat, tatsächlich kann. Aber um diese Gewissheit zu erlangen, muss man es eben dieses eine Mal schaffen.

[kurz] gesagt

Gedanken sind wie Wolken: Sie ziehen auf und verschwinden irgendwann wieder. Warum also sollten wir schlechte Gedanken, die nur versuchen, unseren Willen zu schwächen, ernst nehmen? Sie saugen jede Menge Energie – und sind oft im nächsten Moment schon nicht mehr da.

Es gibt ein Sprichwort, das gut zu diesem Phänomen passt. Es lautet: »Erfolg nährt den Erfolg.« Damit ist gemeint, dass jeder Erfolg so viel Selbstvertrauen gibt, dass er den nächsten beinahe automatisch anzieht. Und dann den nächsten und den übernächsten.

Dieses Sprichwort kann man auch sehr gut übertragen auf das, worum es in diesem Kapitel ging. Denn jeder starke Gedanke nährt den nächsten starken Gedanken und den übernächsten… Wer dieses Prinzip beherzigt, bekommt zur Belohnung fast automatisch einen starken Willen.

Meine

11

für

den

Erfolg

06

Wille

Ein starker Wille ist wie das Benzin, das den Motor in uns am Laufen hält. Er ist die Grundlage für das Selbstvertrauen und die Zuversicht, dass wir unsere Ziele erreichen können. Den Willen kann man stärken, indem man seine Gedanken darauf trimmt, sich nur mit positiven Dingen zu beschäftigen und aus jeder Situation das Beste zu machen. Der Wille muss so »austrainiert« sein, dass er in jeder Situation automatisch eine »Das-Glas-ist-halb-voll«-Haltung einnimmt.

kapitel

07

Wie wichtig es ist, sich

Helfer

zu suchen.

【oder】

Dreamteam mit
und ohne Ball.

Niemand sagt auch nur ein Wort, als wir spät nach Mitternacht im »Barceló Sants« sitzen, einem Hotel in der Innenstadt von Barcelona. Hinter mir liegt die schwärzeste Stunde, die ich bis dahin erlebt habe. Um mich herum sind die wichtigsten Menschen in meinem Leben: meine Familie, besonders meine Eltern und mein Onkel. Ich starre in das halb volle Glas auf dem Tisch. Am liebsten würde ich heulen, damit der ganze Schmerz aus mir herausbricht. Stattdessen sitze ich da und bin wie gelähmt – geistig und körperlich.

Hinter liegt mir das Grausamste, was einem als Fußballer passieren kann: Wir haben das Finale der Champions League gegen Manchester United verloren, weil wir in der Nachspielzeit innerhalb von 102 Sekunden zwei Gegentore kassiert haben. Zwei Tore in 102 Sekunden, das bedeutet weniger als eine Minute Zeit pro Tor! Es ist eine dieser dramatischen Geschichten, wie sie nur der Fußball schreibt.

Meine Familie war im Mai des Jahres 1999 mit nach Spanien gereist. Alle wollten bei diesem Endspiel dabei sein, es sollte der Höhepunkt meiner bisherigen Laufbahn werden: Die Champions League ist der wichtigste europäische Vereinswettbewerb. Nur die besten Mannschaften Europas qualifizieren sich dafür.

Wir waren im Jahr davor Zweiter der Bundesliga geworden und hatten uns damit für die Königsklasse qualifiziert. Wir schafften es auf Anhieb ins Finale und hatten damit die historische Chance, nach fast 25 Jahren wieder den bedeutendsten Pokal nach München zu holen, den eine Vereinsmannschaft gewinnen kann. Anfangs sah es auch sehr gut aus. Wir gingen schon nach wenigen Minuten in Führung, und es gelang uns, den Vorsprung bis kurz vor Schluss zu halten. Wir hätten sogar noch höher in Führung gehen können, hatten aber mehrmals Pech, als der Ball gegen die Latte oder den Pfosten des gegnerischen Tors sprang, nicht aber ins Tor hinein.

Und dann passierte das Unvorstellbare: Die reguläre Spielzeit war vorüber, es wurden drei Minuten Nachspielzeit angezeigt. Und aus dem Nichts machten unsere Gegner aus zwei Ecken zwei Tore und gewannen das Spiel. Manchester United entriss uns den wunderschönen Pokal mit den zwei Henkeln in Form von Riesenohren, den wir schon so sicher in unseren Händen geglaubt hatten.

Die Minuten nach dem Abpfiff waren der blanke Horror. Niemand von uns hatte so etwas schon einmal erlebt. Ich kann euch gar nicht sagen, wie froh ich war, dass ich in diesem Moment nicht allein mit dem Schock zurechtkommen musste. Ich war umgeben von den Menschen, die mich fast mein ganzes Leben lang begleitet hatten. Der Rest der Mannschaft saß bereits im Saal, in dem das Bankett vorbereitet war. Ich aber wollte mich noch ein paar Minuten mit denen austauschen, die mir am nächsten standen – obwohl es eigentlich nichts zu besprechen gab.

Wir saßen an einem runden Tisch außerhalb des Festsaals. Und wir taten nichts anderes, als uns anzuschweigen. Niemand konnte oder wollte etwas sagen, weder mein Vater noch meine Mutter, genauso wenig mein Onkel. Wir starrten nur vor uns hin. Aber auch das tat gut. Ich konnte mich in das Netzwerk aus Menschen, die mir wichtig waren, fallen lassen und mich darin ein bisschen ausruhen. Das änderte zwar nichts an dem stechenden Schmerz, der in mir tobte. Es half mir aber, ihn besser zu ertragen.

Herbert Gärtner,
Onkel von Oliver Kahn

Ich kenne Oliver ja schon von Kindestagen an. Aber so niedergeschlagen wie in dieser einen Nacht habe ich ihn nie zuvor erlebt. Als Jugendlicher war er oft bei uns, wir wohnten nur wenige Minuten von den Kahns entfernt. Er kam auf seinem Fahrrad vorbeigefahren und später auf seinem Mofa. Ich war für ihn wie ein älterer Freund. Oliver ist ein ausgesprochener Familienmensch. Es war deshalb vollkommen klar, dass wir ihn zu diesem Finale begleiten würden. Mehr als den Gewinn der Champions League kann man im Vereinsfußball ja nicht erreichen. Deshalb wollten wir natürlich unbedingt dabei sein, wenn Oliver seine Karriere mit diesem Titel krönen würde.

Umso furchtbarer war dann der Moment in diesem Hotel. Im Hintergrund hörten wir, wie einige Bayern-Spieler ihren Schmerz damit zu betäuben versuchten, dass sie zu feiern begannen. Doch Oliver saß apathisch an unserem Tisch. Irgendwann aber kamen vom Nebentisch ein paar Engländer zu uns herüber und sagten zu ihm, wie leid es ihnen tue, was passiert sei. Sie entschuldigten sich für den Sieg von Manchester United! Dann fragten sie, ob sie ein gemeinsames Foto machen dürften. Das war eine ganz tolle Geste. Da begann auch Oliver für einen kurzen Moment zu strahlen.

Durch dick und dünn: Warum Helfer für unser Leben so wichtig sind

■ In diesem Buch habe ich bislang sehr viel darüber gesprochen, was man selbst tun kann, um erfolgreich zu sein und ein zufriedenes Leben zu führen. Doch nichts von dem, was ich euch erklärt habe, wird funktionieren, wenn ihr es komplett auf eigene Faust versucht. Denn wenn ihr nur auf euch gestellt seid, wird es schwierig mit dem Erfolg. Und noch schwieriger wird es, allein mit einem Misserfolg zurechtzukommen, so wie ich ihn in dieser Mainacht in Barcelona erleben musste. Jeder Mensch braucht ein Umfeld, von dem er Unterstützung erfährt, in den guten wie in den schlechten Momenten seines Lebens. Kurz: Schwierige Situationen lassen sich am besten meistern, wenn andere uns dabei helfen.

Deshalb will ich euch in diesem Kapitel erklären, wie man um sich herum ein starkes Netzwerk an Helfern und Unterstützern aufbaut. Es wird darum gehen, woran man ein gutes Netzwerk erkennt und was man tun kann, wenn man merkt, dass einem das Umfeld noch nicht die Unterstützung bieten kann, die man braucht. Und ich werde euch mein sogenanntes »Dreamteam« vorstellen, das mir dabei geholfen hat, zu dem zu werden, der ich heute bin.

Im Sport spricht man von einem Dreamteam, wenn alle Positionen mit den besten Spielern besetzt sind: Jeder ist für die Rolle, die er übernehmen soll, der Beste, den man finden kann. Sie können nicht alle dasselbe, aber sie sind alle spitze in dem, was sie können. Und genau darum geht es auch bei der Zusammenstellung des eigenen Helfer-Teams: diejenigen in eurem Umfeld zu finden, die euch auf eurem Weg die beste Unterstützung bieten können – jeder auf seine Weise.

Und hier kommt die Mannschaftsaufstellung

■ Bevor wir darüber nachdenken, worauf es zu achten gilt, wenn wir unser persönliches Dreamteam nominieren, sollten wir uns kurz mit der Frage beschäftigen, was mit »Helfer« bzw. »Unterstützer« eigentlich gemeint ist – und was nicht. Damit sind nämlich nicht Menschen gemeint, die etwas besser können als wir selbst und denen wir dann die Arbeit aufhalsen, die uns keinen Spaß macht. Nach dem Motto: Du bist jetzt mein Helfer, also mach bitte meine Mathe-Hausaufgaben! »Helfer« sind Menschen, die wir mögen, denen wir vertrauen und die es gut mit uns meinen. Das können Familienmitglieder sein oder Freunde, Mitschüler genauso wie Kameraden aus dem Sportverein oder der Nachbarschaft. Es können auch Erwachsene sein wie ein Onkel oder eine Tante, eure Lehrer oder ein Trainer. Es können sogar Menschen sein, die man gar nicht persönlich kennt, zu denen man aber trotzdem eine so enge Verbindung spürt, dass man sich von ihnen unterstützt fühlt – so wie ich als Jugendlicher von Harald Schumacher unterstützt wurde, einfach dadurch, dass er jeden Samstag im Tor des 1. FC Köln stand. Er war mein großes Vorbild, und obwohl wir uns damals noch nicht getroffen hatten, »half« er mir dabei, mein Torwart-Spiel zu verbessern. Ich versuchte einfach, mich in bestimmten Situationen so zu verhalten, wie er es wohl gemacht hätte. Wichtig ist, dass es Menschen sind, die euch in dem bestärken, was ihr vorhabt, und die euch damit den Rückhalt und die Zuversicht geben, dass schon alles gut gehen wird.

Man könnte jetzt meinen, das beste Helfer-Team, das man sich vorstellen kann, bestehe deshalb aus Menschen, die einem ständig sagen, was für ein toller Hecht man ist. Aus lauter »Ja«-Sagern, die, egal was man auch tut, den Daumen heben und laut jubeln: »Also, das hast du schon wieder wirklich super hinbekommen!« Und die einen auch dann noch mit Lob überschütten, wenn man sich nicht wie ein toller Hecht verhalten hat.

Was das für Folgen hat, kann man oft genug in den Jugendmannschaften großer Vereine beobachten. Der FC Bayern München bietet ja nicht nur seinen Profis ideale Bedingungen, auch die jungen Spieler haben es dort fast paradiesisch, mit herrlichen Trainingsplätzen und eigenen Fitnesstrainern. Das ist kein Vergleich zu meiner Zeit damals beim KSC, aber wahrscheinlich wäre ich in diesem Alter ohnehin noch gar nicht gut genug gewesen für den FC Bayern. Dort spielen nur diejenigen, die in ihren Heimatvereinen so herausragend waren, dass irgendwann ein Talent-Scout auf sie aufmerksam geworden ist. Das heißt aber, dass sich diese Spieler nach ihrem Vereinswechsel wieder ganz neu orientieren müssen. In ihren alten Klubs waren sie die Könner, die alle anderen überstrahlt haben, plötzlich aber sind sie nur noch einer unter etlichen anderen

Könnern. Viele kommen mit dieser Situation nicht zurecht, und das hat oft einen ganz simplen Grund: Aus ihrem Umfeld bekommen sie ständig zu hören, von den Eltern, von einem Freund oder von der Clique, dass sie natürlich immer noch die Besten sind und selbstverständlich alle anderen daran schuld sind, dass es nicht mehr so rund läuft wie in ihren alten Vereinen. Alle anderen – nur nicht sie selbst. Und so kommen sie erst gar nicht auf die Idee, darüber nachzudenken, was sie selbst dazu beitragen könnten, damit es wieder besser läuft. Denn sie sind ja, dank der Einflüsterungen ihres »Helfer-Teams«, das in Wahrheit eher ein „»Blockierer«-Team ist, überzeugt, dass es nicht an ihnen liegt.

Natürlich sollen Helfer euch loben, wenn etwas toll gelaufen ist, keine Frage. Und wenn ihr einen Erfolg geschafft habt – zum Beispiel ein Ziel erreicht, das ihr euch selbst gesetzt habt –, dann sollen sie diesen Erfolg auch mit euch feiern. Aber das allein reicht nicht. Es gibt noch mehr, was euer Netzwerk an Helfern leisten muss, damit es euch auch wirklich trägt: Helfer sollen euch trösten, wenn etwas nicht geklappt hat. Sie sollen euch bei Niederlagen oder Rückschlägen beruhigen, wenn es euch selbst nicht gelingt, ruhig zu bleiben. Helfer sollen euch motivieren, wenn ihr merkt, dass ihr einen Durchhänger habt. Helfer sollen euch offen und ehrlich die Meinung sagen, wenn sie das Gefühl haben, dass ihr in einer bestimmten Situation auf dem Holzweg seid. Sie sollen euch herausfordern, indem sie euren Ehrgeiz kitzeln. Sie müssen auch bereit sein, Themen auf den Tisch zu bringen, die unbequem sind. Und manchmal müssen sie euch auch mit Dingen in eurem Leben konfrontieren, die ihr entweder nicht sehen könnt oder nicht sehen wollt. Denn oft sind es gerade die unbequemen Wahrheiten, die am wertvollsten sind. Sie zwingen einen dazu, sich selbst zu hinterfragen, ob man tatsächlich alles richtig gemacht hat auf seinem Weg oder ob man etwas hätte besser machen können. Und nur wenn wir darüber nachzudenken beginnen, was wir hätten besser machen können, werden wir es in Zukunft auch tatsächlich besser machen. Oft braucht es dabei den Hinweis eines anderen, damit wir überhaupt darauf aufmerksam werden.

Nicht jeder Helfer muss jede dieser Funktionen erfüllen. Eine Fußballmannschaft besteht ja auch nicht aus elf Spielern, bei denen alle alles können: stürmen, verteidigen und Tore verhindern. Und das ist gut so, sonst würde es zwischen den Pfosten zeitweise ziemlich eng werden. Auch in eurem Dreamteam sollte es für jede Funktion oder, um im Bild zu bleiben, für jede Position jemanden geben, der dafür ideal ist. Jemanden, mit dem ihr gerne Erfolge feiert und der sich von Herzen mit euch freut und nicht insgeheim neidisch ist, dass er selbst diesen Erfolg nicht geschafft hat. Einen Motivator, der euch anfeuert. Jemanden, der euch tröstet, wenn etwas schiefgelaufen ist. Und Leute, die euch auch, wenn nötig, mal die Meinung »geigen«.

Schaut euch also in eurem Umfeld um: Zu Hause, in der Schule, im Sportverein, unter Freunden, und fragt euch, wer in eurem Team welche Rolle einnehmen könnte. Macht es wie der Trainer einer Fußballmannschaft und nominiert der Reihe nach die richtigen Leute. Schreibt am besten ihre Namen und die Funktionen in eurem Team auf einen Zettel, damit ihr einen genauen Überblick habt. Und dann sprecht diejenigen, auf die eure Wahl gefallen ist, darauf an. Denn eure Helfer sollten ja schließlich davon erfahren, dass sie in euer Dreamteam aufgenommen worden sind. Nur dann können sie euch auch unterstützen.

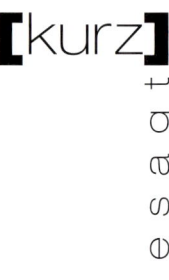

Helfer sind Menschen, die wir mögen, denen wir vertrauen können und die es gut mit uns meinen. Sie bestärken uns in dem, was wir vorhaben, und geben uns den Rückhalt und die Zuversicht, dass alles gut gehen wird. Helfer sollten aber nicht nur Menschen sein, die uns ständig loben. Gerade diejenigen, die euch auch mal wieder einnorden, wenn ihr die Bodenhaftung verliert oder von eurem Weg abkommt, sind sehr wichtig.

Auch bei unserer »ich schaff's«-Tour habe ich oft mit den Schülern darüber gesprochen, wen sie als ihre Helfer ansehen. Dabei kamen ganz interessante Ergebnisse zustande: Dass viele ihre Eltern, Großeltern und besten Freunde genannt haben, hat mich nicht besonders überrascht, denn bei mir war es in diesem Alter ja genauso: Meine Eltern waren meine wichtigsten Unterstützer, daneben hatte ich gute Freunde, mit denen ich meinen Traum teilen konnte. Erstaunlich viele haben mir aber erzählt, dass bestimmte Lehrer in ihrer Schule die Funktion eines Helfers hatten, andere nannten den Trainer ihrer Sportmannschaft oder den Chorleiter und wieder andere berichteten, dass der Pfarrer ihrer Gemeinde ein wichtiger Helfer in ihrem Leben ist. Dann gab es welche, die mir erzählten, dass Idole wie der Basketballer Dirk Nowitzki oder mein ehemaliger Kollege beim FC Bayern München, Michael Ballack, diese wichtige Funktion in ihrem Leben »übernahmen«. Und viele sagten mir, dass auch ich zu einem wichtigen Helfer geworden bin – das hat mich natürlich ganz besonders gefreut.

[kurz] gesagt

Eure Helfer sollen sich mit euch freuen, euch motivieren, trösten und beruhigen. Und manchmal auch unbequeme Wahrheiten aussprechen dürfen. Nicht jeder in eurem Dreamteam muss jede Position besetzen können, aber jede Position sollte besetzt sein.

Darf ich vorstellen?
Olivers Dreamteam

■ Auch mich haben mein Leben lang Menschen begleitet, die ich in mein Dreamteam aufgenommen habe. Manche gehören immer noch dazu. Andere sind im Laufe der vielen Jahre aus dem Team verschwunden, dafür wurden neue eingewechselt – genauso wie ich aus dem Dreamteam anderer Menschen ausgetauscht und durch andere ersetzt wurde. Das ist der ganz normale Lauf des Lebens.

Der erste Freund, der zu meinem Dreamteam gehörte, war Uwe. Er war in den Jugendmannschaften des KSC derjenige, mit dem ich meinen Traum vom Leben als Fußballprofi in jeder Sekunde ausleben konnte. Er war der Linksaußen, ich der Torwart. Es gibt einen Witz, der gut zu uns beiden gepasst hat: »Eine Frau hat drei Söhne: Der erste ist Torwart, der zweite Linksaußen – und der dritte ist auch nicht normal.« Uwe und ich waren tatsächlich nicht ganz normal, jedenfalls wenn es darum ging, unseren Traum zu verfolgen. Wir haben immer so getan, als seien wir schon dort angekommen, wohin wir uns geträumt hatten, als seien wir schon die berühmten Fußballer, die jeden Samstag im Stadion einlaufen. Uwe war zum Beispiel oft dabei, wenn am Samstag die Profis nebenan im Wildpark-Stadion gespielt haben. Dann schlug er auf dem Nebenplatz die Flanken in die Mitte, und meine Aufgabe war es, den Ball aus der Luft zu fischen. Oder er stürmte auf mich zu und ich musste versuchen, ihm den Ball vom Fuß zu wischen. Es war für uns beide immer extrem inspirierend, uns danach gegenseitig von unserem Traum zu erzählen. Wer würde später bei welchem Verein landen? Würden wir immer für dieselben Mannschaften spielen? Oder würden wir uns vielleicht irgendwann sogar genauso gegenüberstehen, wie wir das auf dem Platz schon durchgespielt hatten? Ich im Tor, er der gegnerische Stürmer, der in der 89. Minute eines entscheidenden Spiels mit dem Ball am Fuß auf mein Tor stürmt und versucht, mich auszuspielen, während meine ganze Konzentration nur dem Ball gilt …

Wir haben uns aber auch gegenseitig angestachelt. Wir waren beide sehr ehrgeizig, keiner von uns wollte gegen den anderen verlieren. Nicht nur auf dem Fußballplatz, auch beim Tennis lieferten wir uns heiße Duelle. Da konnte die Sonne noch so sehr vom Himmel brennen, wir spielten, bis das Match zu Ende war. Ich kann mich zum Beispiel noch an ein Fünf-Satz-Spiel erinnern, in dem es hin- und her ging. Uwe gewann die ersten beiden Sätze, ich die nächsten zwei. Die Entscheidung musste im letzten Satz fallen. Das Spiel dauerte den ganzen Tag, wir konnten uns beide schon kaum noch auf den Beinen halten vor Müdigkeit und mussten deshalb immer wieder Pausen einlegen. Aber es wollte auch keiner von uns beiden aufgeben, wir spielten bis zum allerletzten Schlag – und der entschied das Match zu meinen Gunsten. Uwe war über diese Niederlage so sauer, dass er den Schläger wegwarf und nach Hause fuhr, ohne irgendetwas mitzunehmen. Die Tasche, sein Schläger – alles lag noch auf dem Platz. Dieses Spiel war eine sehr prägende Erfahrung für uns beide, weil es uns zeigte, mit wie viel Ehrgeiz wir an unsere Ziele herangingen. Und weil wir diesen

Ehrgeiz teilen konnten, haben wir auch beide nie nachgelassen. Es heißt ja: Geteiltes Leid ist halbes Leid. In unserem Fall konnte man sagen: Geteilter Ehrgeiz ist doppelter Ehrgeiz.

Das Gleiche gilt auch für meinen Freund Michael: Ihn lernte ich beim Gewichtestemmen im Fitness-Studio kennen. Er war genauso motiviert wie ich, seine Muskeln so lange zu schinden, bis er nicht mehr konnte. Wir lagen auf der Hantelbank und wuchteten Gewichte in die Luft. Wir saßen in Maschinen, in denen wir unsere Oberschenkel trainierten – und wenn einer nicht mehr konnte, wurde er vom anderen angetrieben, nicht aufzugeben. Mit der Zeit wurde Michael zu einem Freund auch außerhalb der verschwitzten Räume unseres Fitness-Studios. Für mich war das ein wertvoller Rückhalt: Erst konnte ich mich mit ihm über meine eigenen Ziele austauschen, dann freuten wir uns gemeinsam über Erfolge und trösteten uns bei Misserfolgen. Manchmal, wenn Michael und meine anderen Freunde das Gefühl hatten, dass ich auf dem besten Weg war, überheblich zu werden, wuschen sie mir ordentlich den Kopf – und dann ging es weiter.

Das Schöne daran war, dass wir alle dieselbe Überzeugung hatten. Man schafft nur, was man sich vorgenommen hat, wenn man sein Ziel nicht aus den Augen verliert. Darin waren wir uns alle einig. Andauernd wilde Partys zu feiern, zu trinken und zu rauchen – das war nicht unser Ding. Wir wollten etwas erreichen, und das packt man nicht, wenn man keinen klaren Kopf behält. Das heißt nicht, dass wir nicht auch ab und zu über die Stränge geschlagen haben, aber wir wussten immer, wo unsere Grenzen lagen.

[kurz] gesagt

> **Viele scheitern daran, ihre Ziele zu erreichen, weil sie sich von den falschen Leuten beeinflussen lassen. Ein gutes Netzwerk an Freunden erkennt man daran, dass jeder den anderen in dem unterstützt, was er sich vorgenommen hat. Man pusht sich gegenseitig und ist für den anderen da, wenn es mal nicht läuft. Ein schlechtes Netzwerk ist eines, in dem man sich gegenseitig nach unten zieht und es niemanden gibt, der sagt: Schluss jetzt, die Grenze ist überschritten.**

Auch auf die Gefahr hin, dass ihr jetzt die Augen verdreht und euch denkt: »Jetzt fängt der Kahn auch noch damit an …«, auf eines will ich euch hinweisen: Es gibt auch Umfelder, die richtig schädlich sein können. Ich habe das damals bei Mitschülern erlebt. Bei manchen hatte ich den Eindruck, dass sie sich selbst sagten: »Ich kann mich doch mit Alkohol volllaufen lassen, wofür brauche ich denn noch eine Vision?« Wer so denkt, braucht gute Freunde, die einen darauf aufmerksam machen, dass man auf dem Holzweg ist.

Ich möchte nicht wissen, wie viele Leute die besten Chancen gehabt hätten, etwas aus ihrem Leben zu machen, und am Ende doch gescheitert sind, weil sie einfach nicht das richtige Umfeld hatten. Ein gutes Netzwerk erkennt man daran, dass sich alle, die darin verbunden sind, gemeinsam hochziehen – ein schlechtes erkennt man daran, dass sich seine Mitglieder nach unten reißen. Es ist deshalb sehr wichtig, zu erkennen, wer einen beim Verfolgen seiner Ziele unterstützen kann und wer nicht.

»Tischtennis? Ja, wo sind wir denn hier?«

■ Mein großes Glück war, dass ich schon in einem sehr stabilen Netzwerk aufgewachsen bin: Meine Familie war für mich immer der wichtigste Rückhalt überhaupt und ist es bis heute geblieben. Und jedes einzelne Mitglied hatte eine besondere Bedeutung für mich: Mein Onkel und meine Tante zum Beispiel waren für mich nicht nur deshalb wichtig, weil sie mir als Lehrer gut bei den Hausaufgaben helfen konnten. Sondern auch weil sie ein offenes Ohr für mich hatten und ich immer zu ihnen gehen konnte. Mit meinem Onkel konnte ich außerdem meine Leidenschaft für alles ausleben, was mit Bällen zu tun hatte. In unserer Nachbarschaft gab es ein großes Areal mit vielen Fußball- und Tennisplätzen. Wir waren oft dort und spielten, bis uns die

Kraft ausging. Und als ich zwölf Jahre alt war, nahmen sie mich mit zum Zelten – das fand ich natürlich total aufregend. Sie waren wie gute ältere Freunde für mich, mit denen ich viele spannende und lustige Dinge unternehmen konnte.

Meine Eltern waren diejenigen, die mir gezeigt haben, worauf es im Leben ankommt, jeder auf seine Weise. Meine Mutter war ganz selten bei Fußballspielen dabei, und darüber war ich auch sehr froh. Mir waren die Mütter immer etwas suspekt, die am Spielfeldrand standen und laut aufgeschrien haben, wenn ihre Söhne eins auf die Socken bekommen haben. Sie hielt sich, was meine fußballerischen Ambitionen anging, eher im Hintergrund. Von ihr habe ich dafür das mentale Rüstzeug mit auf den Weg bekommen. Sie war es, die mir beibrachte, dass es kein Drama ist, wenn man einmal auf die Nase fliegt. Und dass man auch Disziplin braucht, wenn man etwas erreichen möchte. Da war sie oft konsequenter als mein Vater.

Ich kann mich an eine Situation erinnern, in der sie mir ganz schön Beine gemacht hat. Es gab einmal eine Phase, da hat mir Tischtennis fast mehr Spaß gemacht als Fußball. Und eines Nachmittags lag ich faul auf dem Bett herum und sagte meiner Mutter, dass ich das Training ausfallen lassen wollte, weil ich keine rechte Lust hatte. Da hättet ihr sie aber mal hören sollen, sie war richtig sauer! »Tischtennis? Ja, wo sind wir denn hier? Abfahrt!«

Ein paar Minuten später saß ich auf dem Fahrrad, unterwegs in Richtung Wildparkstadion. Meine Mutter griff immer dann ein, wenn sie das Gefühl hatte, dass gerade etwas verkehrt läuft.

Einmal nach Wembley

■ Für mein Weiterkommen als Fußballer war mein Vater verantwortlich. Mit seiner Erfahrung und seinem Wissen konnte er jede Situation gut einschätzen, gerade während meiner Pubertät. Denn als er in meinem Alter war, hatte auch er einen großen Traum: Er wollte einmal im legendären Wembley-Stadion in England spielen. Er erzählte mir oft, wie er mit knapp 13 Jahren bei geschlossenen Augen Musik gehört und sich dabei immer wieder gedacht hatte: »Ich will dort auflaufen, ich will es schaffen!« Und dann kam eines Tages ein Betreuer des KSC zu ihm und sagte, dass er am Wochenende zum Lehrgang einer Auswahlmannschaft nach Duisburg eingeladen worden sei. Von da an fuhr er alle zwei Wochen nach Duisburg, um mit den besten Fußballern seines Jahrgangs zu trainieren.

Als er 15 Jahre alt war, war es so weit: Er spielte mit der Jugendnationalmannschaft in Wembley. Die Deutschen verloren dieses Spiel mit 0:2 gegen die Engländer, gewannen dafür aber das Rückspiel mit 4:0. Es war für ihn ein sehr besonderer Moment, als er Jahrzehnte später wieder ins Wembley-Stadion kam, diesmal als Zuschauer zu einem Länderspiel zwischen England und Deutschland: Am 7. Oktober 2000 fand das letzte Spiel in diesem Stadion statt, bevor es abgerissen wurde – und ich stand im deutschen Tor.

Mein Vater war von klein auf mein wichtigster Förderer und Tröster. Er beruhigte mich, wenn mir wieder einmal ein talentierterer Torwart vor die Nase gesetzt wurde, und er versicherte mir, dass ich meine Chance bekomme, wenn ich nur weiter an mir arbeiten würde.

Egal was passierte, die erste Reaktion meines Vaters war immer: »Ach, das ist doch kein Drama.« Seine Gelassenheit war sehr wichtig für mich. Manchmal machte er mich aber auch rasend vor Wut. Denn kein anderer kritisierte mich so hart und unbarmherzig wie er. Es gab Momente, da hätte ich ihn am liebsten an einen Torpfosten gebunden und wäre davonmarschiert. Das Gute aber war: Er hat mich nie unter Druck gesetzt oder zusammengestaucht, seine Kritik war immer sehr sachlich und besonnen. Wenn meine erste Wut verraucht war, erkannte ich meistens, dass er recht hatte. Und so konnte ich aus seiner Kritik wertvolle Erkenntnisse ziehen, worin ich mich noch verbessern musste.

Mein Vater hatte lange daran zu knabbern, dass seine eigene Karriere durch die schwere Verletzung zu Ende gegangen war, bevor sie richtig begonnen hatte. Irgendwann sagte er zu mir, wie froh er im Nachhinein darüber sei, weil er im Gegenzug meine Karriere begleiten konnte – und die sei viel aufregender gewesen, als seine je hätte werden können. Es gibt kaum etwas Schöneres, was ein Vater zu seinem Sohn sagen kann.

Mir ist bewusst, wie viel Glück ich mit meinen Eltern hatte. Sie haben den Grundstein für das gelegt, was ich aus meinem Leben machen konnte. Ich habe in meiner Karriere viele Kollegen erlebt, die aus schwierigen Familienverhältnissen stammten. Sie haben es zwar trotzdem geschafft, ihren Traum vom Profifußball zu verwirklichen, aber man merkte ihnen an, dass es für sie nicht einfach gewesen war. Auch auf unserer »ich schaff's«-Tour habe ich das manchmal gehört: »Andauernd bekomme ich zu Hause gesagt: Tu das nicht, lass jenes! Das nervt einfach!« Viele Jugendliche haben das Gefühl, dass sie es niemandem recht machen können; egal wie sie es anpacken, es ist immer falsch – unter solchen Bedingungen ist es natürlich schwierig, sein Ziel nicht aus den Augen zu verlieren.

Ich glaube nicht, dass es eure Eltern böse meinen, wenn sie Kritik an euch üben. Mein Vater hat es ja auch nicht böse gemeint, wenn er mich kritisiert hat. Aber er hat immer darauf geachtet, dass ich trotzdem spürte, wie sehr er mich auf meinem Weg unterstützt. Manche Eltern vergessen manchmal, wie wichtig es ist, dass man ihre Unterstützung spürt. Wenn das bei euch auch der Fall sein sollte, bittet eure Eltern doch mal, sich darüber Gedanken zu machen, wie sie euch besser unterstützen und motivieren können. Vielleicht hilft es ja zum Beispiel, dass ihr euren Eltern immer wieder in Ruhe davon erzählen könnt, welche Zwischenziele ihr bereits erreicht habt, welches ihr als nächstes in Angriff nehmen wollt und welche Schwierigkeiten es noch aus dem Weg zu räumen gibt. Dann wissen eure Eltern, was ihr schon geschafft habt, und können euch Ratschläge geben, die euch beim nächsten Ziel helfen.

Nicht jeder hat so wie ich das Glück, dass der eigene Vater genau das bereits durchlebt hat, was man sich selbst vorgenommen hat. Aber wie gesagt: Nicht jeder Helfer muss jede Aufgabe gleich gut beherrschen. Alle Eltern haben etwas, was sie ihren Kindern mit auf den Weg geben können – bestimmt auch eure. Und außerdem habt ihr ja immer auch die Möglichkeit, in eurem Umfeld nach denjenigen zu suchen, die die Rolle des Helfers übernehmen können: der beste Freund, die beste Freundin, ein Lehrer, der Trainer eures Sportteams …

[kurz] gesagt

Das stabilste Netzwerk ist in der Regel das eigene Zuhause. Manchmal aber vergessen die Eltern, wie wichtig ihre Unterstützung ist. Dann ist es sinnvoll, mit ihnen gemeinsam darüber nachzudenken, was sie tun können, um euch besseren Rückhalt zu geben.

»Große Torwart passiert allen so ein Spiel!«

■ Auch in meiner Zeit beim FC Bayern München habe ich – ähnlich wie in Karlsruhe mit Winnie Schäfer – viele Menschen getroffen, die zu meinen Unterstützern wurden. Von meiner Beziehung zu Sepp Maier habe ich euch ja schon erzählt. Es gab aber auch noch andere, die für mich wichtig waren, zum Beispiel Giovanni Trappatoni. Er war ein Trainer der alten Schule, mit tollen Manieren und einem guten Gespür dafür, wer gerade welche Ansprache braucht; er hatte genau die richtige Mischung aus der Nähe zu den Spielern und der notwendigen Distanz, die man als Trainer braucht, um seine Autorität nicht zu verlieren. Ich kann mich sehr genau an ein Spiel im Frühjahr 1998 erinnern. Wir hatten noch eine kleine Chance auf die Deutsche Meisterschaft, als wir in Bielefeld antreten mussten. Und ich hatte einen ganz miesen Tag. Praktisch jeder Schuss, der auf mein Tor kam, landete auch im Netz. Ein Tor war besonders kurios: ein Freistoß von halbrechts, der eigentlich ein paar Meter am Tor vorbeigegangen wäre. Aber dann bekommt Mehmet Scholl den Ball so gegen das Schienbein, dass er wie beim Billard abgelenkt wird und neben mir einschlägt. Ich habe mich selten so belämmert gefühlt wie an diesem Tag. Nach dem Spiel kam Trappatoni in die Kabine, ich saß dort inzwischen ganz allein, alle anderen waren schon im Bus. Ich war sehr niedergeschlagen in diesem Moment. Und er sagte zu mir in seinem italienisch gefärbten Deutsch: »Oliver, große Torwart passiert allen so ein Spiel. Passiert allen.« Das war toll, weil ich spürte, dass er nicht nur in den guten Zeiten zu mir stand, sondern auch wenn ich mal einen schlechten Tag hatte.

In der Sommerpause verließ Trappatoni nach zwei Jahren den Verein, er wurde von Ottmar Hitzfeld abgelöst, dem Mann, der mit Borussia Dortmund bereits die Champions League gewonnen hatte. Und das wollten wir jetzt auch schaffen, wir hatten uns ja mit Platz zwei für diesen Wettbewerb qualifiziert. Die Beziehung zu Ottmar Hitzfeld hat sich über die folgenden Jahre zu einer sehr besonderen für mich entwickelt, weil wir uns sehr ähnlich sind: zielstrebig, ehrgeizig, willensstark. Nur in einem haben wir uns sehr unterschieden: Ich lebte meine Gefühle auf dem Platz immer intensiv aus, Ottmar Hitzfeld hingegen fraß seine Emotionen in sich hinein. Man konnte ihm manchmal regelrecht ansehen, wie sehr ihm der Stress zusetzte. Doch auch wenn wir unterschiedlich damit umgegangen sind, haben wir den enormen Druck, immer erfolgreich sein zu müssen, beide sehr stark gespürt. Und das hat uns zusammengeschweißt.

Dass unter Ottmar Hitzfeld eine große Mannschaft entstehen würde, war schon sehr früh zu spüren. Er suchte sich fünf Spieler aus, die er zu Chefs des Teams machte. Einer davon war ich. Mit uns fünfen stimmte er sich ab und besprach die Taktik fürs nächste Spiel. Innerhalb der Mannschaft war es unsere Aufgabe, dafür zu sorgen, dass diese Taktik auch umgesetzt wurde und die Stimmung gut blieb. Auch Ottmar Hitzfeld wusste, dass er es ohne Helfer schwerhaben würde, unsere Mannschaft zu Erfolgen zu führen. Es gibt in einer Bundesliga-Mannschaft ja immer ein paar Spieler, die unzufrieden sind, weil sie nicht regelmäßig spielen dürfen. Manchmal überträgt sich deren Unzufriedenheit dann auf das ganze Team – und plötzlich ist die ganze Mannschaft unzufrieden. Immer, wenn jemand versuchte, schlechte Stimmung zu verbreiten, sagten wir deshalb: »Ruhe jetzt! Der Ottmar weiß genau, was er tut. Weiterarbeiten!«

Auf diese Weise haben wir es unter Ottmar Hitzfeld gleich im ersten Jahr ins Finale geschafft. Und mussten jenes Spiel erleben, das so ein dramatisches Ende nahm. Wir haben lange gebraucht, um uns von der Niederlage gegen Manchester United zu erholen. Für mich war es die erste Erfahrung mit einem richtig niederschmetternden Rückschlag. Doch am Ende sind wir alle stärker als je zuvor daraus hervorgegangen: Wir erlebten einen Triumph, der ohne die düstere Nacht von Barcelona nicht möglich gewesen wäre.

Meine

11

**für
den
Erfolg**

Helfer

Wer ganz auf sich allein gestellt ist, hat es schwerer, seine Ziele zu erreichen und mit Rückschlägen zurechtzukommen. Jeder Mensch braucht ein stabiles Netzwerk aus Freunden, Familie und Helfern, das ihn trägt: ein richtiges Dreamteam. Nicht jeder in diesem Dreamteam muss jede Aufgabe gleich gut beherrschen. Viel wichtiger ist es, dass alle »Positionen« besetzt sind: der Motivator, der Tröster, der Kritiker. So kann man sich gegenseitig unterstützen und Schwierigkeiten gemeinsam meistern.

kapitel

08

Wie man aus

Niederlagen

etwas lernen kann.

[oder]

Warum ich mich
beim Treppensteigen fühlte,
als wäre ich 100 Jahre alt.

In meinem Haus habe ich einen Raum eingerichtet, in den ich mich zurückziehen kann, wenn ich nur für mich sein möchte. Ein Zimmer mit Schreibtisch und Bücherregalen. Dieser Raum, den ich schon hatte, als ich noch Torwart des FC Bayern war, ist ein wichtiger Rückzugsort für mich. Hier kann ich in Ruhe lesen und mir Zeit zum Nachdenken nehmen. In einer Ecke des Raums steht ein Regal, in das ich keine Bücher gestellt habe, sondern Pokale. In gewisser Weise funktionieren aber auch sie wie ein großes, dickes Buch: Man kann darin »lesen«, was ich in meiner Torwartkarriere alles erlebt habe. Jeder einzelne Pokal hat seine Geschichte. Viermal wurde ich zwischen 1999 und 2002 als »Bester Torwart Europas« ausgezeichnet und zweimal (2000 und 2001) als »Deutschlands Fußballer des Jahres«. Dreimal habe ich sogar den Pokal als »Bester Torwart der Welt« erhalten – 1999, 2001, 2002. Er besteht aus einem kleinen goldenen Ball auf einem schwarzen Marmorsockel, es ist die Auszeichnung, von der ich als Kind immer geträumt hatte, nicht ahnend, wie schmerzhaft es sein würde, wenn ich diese Trophäe zum ersten Mal in der Hand halten würde. Denn 1999 war ja gleichzeitig das Jahr, in dem wir den »Sekundentod« von Barcelona erlitten.

Eine Etage tiefer steht ein etwas unscheinbarer Pokal: Eine silberne Silhouette, die eine kleine Plastikscheibe in ihren angedeuteten Händen hält. Auf diese Auszeichnung bin ich mindestens so stolz wie auf all die anderen Pokale, denn sie hat eine ganz besondere Geschichte. Es ist der UEFA-Fairplay-Award, den ich im Jahr 2001 nach unserem Champions-League-Sieg gegen den FC Valencia erhalten habe.

Zwei Jahre nach dem niederschmetternden Erlebnis gegen ManU standen wir wieder im Finale. Es war ein ganz knappes Match – nach der regulären Spielzeit stand es 1:1. Das hieß: Elfmeterschießen. Für den Torwart von Valencia, Santiago Cañizares, endete es mit dem bittersten Ausgang, den man sich vorstellen kann. Es lag weniger an ihm, dass seine Mannschaft das Elfmeterschießen verlor, im Gegenteil: Er konnte einen Elfmeter parieren und hatte während der regulären Spielzeit schon einen gehalten. Zwei gehaltene Elfer in einem solchen Spiel – das ist eine starke Leistung. Und trotzdem stand er als Verlierer da. Denn an diesem Tag waren wir einfach stärker, und das galt auch für mich: Ich war das ganze Spiel über hochkonzentriert und fühlte mich unüberwindbar. Im Elfmeterschießen konnte ich insgesamt drei Schüsse abwehren. Nach dem letzten Schuss – der bedeutete den Sieg für uns! – rannte ich quer über das ganze Spielfeld zu meiner Mannschaft. Ich fühlte mich, als würde alles in mir explodieren und die ganze Welt um mich herum zu beben beginnen.

Als ich mich wieder beruhigt hatte, sah ich, wie Cañizares neben dem Tor am Spielfeldrand lag und am ganzen Körper zitterte, sein Gesicht hatte er in einem Handtuch vergraben. Ich ahnte, wie sich mein Torwartkollege fühlen musste. Zwei Jahre davor war ich es ja gewesen, der nach der Last-Minute-Niederlage gegen Manchester United völlig niedergeschlagen auf dem Boden gelegen hatte. Bei aller Freude und Euphorie über unseren Erfolg war es mir ein großes Bedürfnis, zu ihm zu gehen und ihn zu trösten. Auch im Moment des schönsten Erfolges darf man so etwas nicht übersehen. Denn es ist die allergrößte Herausforderung, einen Misserfolg durchzustehen. Erst recht, wenn er unter so »dramatischen« Umständen zustande kommt, selbst wenn es dabei ja »nur« um ein Fußballspiel geht! Wenn man dann das Mitgefühl und die Unterstützung von anderen bekommt, fällt es einem schon ein bisschen leichter, damit zurechtzukommen.

Also machte ich mich auf den Weg zu ihm, obwohl um mich herum der Teufel los war. Meine Mitspieler sprangen wie toll über den Rasen, im Stadion herrschte ein ohrenbetäubender Lärm. Als ich bei ihm angekommen war, kniete ich mich neben ihn, richtete ihn auf und umarmte ihn, aber ich spürte, dass er kaum wahrnahm, was um ihn herum geschah. Er ließ den Kopf hängen und reagierte kaum auf meine Umarmung. Denn diese Final-Niederlage war bereits seine zweite in Folge: Der FC Valencia hatte auch im Jahr davor das Endspiel der Champions League verloren. Ich wünschte ihm, dass er die richtigen Schlüsse aus diesen Erlebnissen würde ziehen können. Denn ich wusste: Ohne den kapitalen Rückschlag zwei Jahre zuvor hätten auch wir es nicht geschafft, dieses Finale zu gewinnen. Wir »brauchten« die schwarze Nacht von Barcelona, um den Champions-League-Pokal in den Nachthimmel von Mailand strecken zu können. Wir hatten es geschafft, aus der Niederlage gegen Manchester United so viel Kraft und Stärke zu ziehen, dass auf den schmerzhaftesten Rückschlag, den man sich vorstellen kann, der größte Sieg folgte, den eine Vereinsmannschaft erreichen kann. Wie so etwas geht – und zwar nicht nur im Fußball –, will ich euch in diesem Kapitel erlären.

Wer nie verliert, kann auch nicht gewinnen!

■ Wir sind jetzt bei einem der wichtigsten Aspekte dieses Buches angekommen, wenn nicht beim wichtigsten: nämlich wie ihr so mit Rückschlägen umgehen könnt, dass ihr daraus gestärkt hervorgeht. Im Umgang mit Niederlagen liegt der Schlüssel für den Erfolg – und für die wahren Glücksgefühle im Leben. Das habe ich auch den Schülern bei der »ich schaff's«-Tour immer wieder gesagt: Dort trennt sich die Spreu vom Weizen. Nur wenn ihr es schafft, Rückschläge zu verkraften und sie richtig zu verarbeiten, werdet ihr es packen.

Wer etwas erreichen möchte, setzt sich immer dem Risiko aus, dabei auf die Nase zu fallen. Aber gerade das finde ich so reizvoll. Wer immer nur mit dem Strom schwimmt, eckt in der Regel auch nirgendwo an. Das ist natürlich bequem. Doch wer wirklich etwas Großes schaffen möchte, der muss auch bereit sein, sich der Gefahr des Scheiterns auszusetzen. Man könnte ja meinen, dass man sein Leben vor allem dann zufrieden und erfolgreich führen kann, wenn man keine Rückschläge hinnehmen muss. Wenn alles glatt läuft und die Erfolgskurve immer nur eine Richtung kennt: die nach oben. Aber das ist Quatsch! Weil es schlicht unmöglich ist, Rückschläge komplett zu vermeiden. Sie gehören einfach zum Leben dazu. Selbst wenn wir mit größter Kraft und Sorgfalt versuchen, alles richtig zu machen, werden uns Fehler unterlaufen, das ist einfach menschlich. Oder aber es passieren Dinge, auf die wir selbst gar keinen Einfluss haben. Außerdem ist es gar

nicht mal wünschenswert, ohne Rückschläge auszu-
kommen – auch wenn das auf den ersten Blick etwas
seltsam klingt. Natürlich macht es keinen Spaß, auf die
Nase zu fallen und eine Niederlage zu erleben. Es ist
auch beileibe nicht so, dass es mir Spaß gemacht hat,
wenn ich am Boden lag. Ich hätte auf die Nacht von
Barcelona zum Beispiel gut verzichten können, jedenfalls in dem Moment, als ich sie erleben musste. Aber
aus heutiger Sicht war sie sehr wertvoll. Denn dieses
Scheitern hat mir einige Dinge beigebracht, die mich
stärker gemacht haben und von denen ich immer noch
profitiere. Wenn mir heute etwas nicht gelingt, dann
werde ich nicht unruhig oder panisch, sondern denke
ganz gelassen darüber nach, was ich besser machen
kann. Diese Haltung ist mir wirklich in Fleisch und Blut
übergegangen.

Meine Erfahrung ist: Alle Menschen, die in dem, was
sie tun, erfolgreich sind, haben das geschafft, nicht
weil sie keine Rückschläge einstecken mussten, sondern gerade weil sie diese Rückschläge erlebt haben
und richtig mit ihnen umgegangen sind. Es gibt einen
Werbespot für einen Sportartikelhersteller, in dem der
Basketballer Michael Jordan diese Philosophie auf den
Punkt bringt. Darin sagt er: »Ich habe in meiner Karriere
9000 Bälle danebengeworfen. Ich habe fast 300 Spiele
verloren. 26-mal hat man mir den Ball überlassen, um
den spielentscheidenden Treffer zu landen – und ich
habe ihn danebengesetzt. Ich bin immer und immer
wieder gescheitert in meinem Leben. Und das ist der
Grund dafür, dass ich Erfolg hatte.« Genau das ist auch
meine Überzeugung: Wer nie verliert, kann auch nicht
gewinnen! Es ist deshalb fast notwendig, an einer Hür-

de auch mal hängen zu bleiben, auch wenn es wehtut. Denn jede Niederlage, die wir überwinden, indem wir die richtigen Schlüsse daraus ziehen und wieder aufstehen, gibt uns unendlich viel Kraft und macht uns robuster, als wir vorher waren.

gesagt

Ein Leben ohne Rückschläge und Niederlagen gibt es nicht. Sie sind ein normaler Bestandteil jedes Weges. Es kommt deshalb nicht darauf an, Rückschläge zu vermeiden. Entscheidend ist, dass wir lernen, damit richtig umzugehen. Dann gibt uns jede Niederlage Kraft und macht uns stärker.

Mein »AAAA-Programm«

■ Aber wie funktioniert das: aus Rückschlägen die richtigen Schlüsse zu ziehen? Der erste Gedanke, der einem nach einem Rückschlag in den Sinn kommt, ist doch: »So, Schluss jetzt, ich habe keine Lust mehr, ich höre auf!« Glaubt mir: Auch ich hatte in meiner Karriere oft solche Momente, in denen ich so gedacht habe. Von den Rückschlägen in meiner Jugend und in den ersten Jahren beim FC Bayern habe ich ja bereits ausführlich erzählt, aber das war nichts im Vergleich zu dem, was ich nach der Niederlage gegen Manchester United durchlebt habe. Die Enttäuschung war ja nicht plötzlich weg, als ich am nächsten Morgen in meinem Hotelbett aufwachte – schön wär's gewesen. Der Schmerz ging jetzt erst richtig los.

In Kapitel vier habe ich Motivation als ein Feuer beschrieben, das brennen muss – genau dieses Feuer war jetzt so gut wie erloschen, ich war »ausgebrannt«. Vom einen Moment auf den anderen war in mir nur noch totale Demotivation, totale Leere, totale Ziellosigkeit, totale Kraftlosigkeit. Ich kann mich noch genau daran erinnern, als ich am nächsten Morgen die Augen öffnete: Es war ein schöner Frühsommertag, die Sonne schien direkt in mein Zimmer, ich konnte das Vogelzwitschern hören – aber ich lag bleischwer in meinem Bett und fühlte mich so mies wie noch nie zuvor in meinem Leben. Es war noch nicht einmal die Niederlage an sich, die mich so fertigmachte. Als Sportler muss man akzeptieren, dass man nicht immer gewinnen kann. Es war vielmehr die Art, wie diese Niederlage zustande gekommen war, die mich schier in den Abgrund riss. Mein ganzes Sportlerleben hindurch hatte ich auf einen so großen Erfolg hingearbeitet – und innerhalb von wenigen Minuten war alles zerbrochen. In den Wochen danach konnte ich keine Treppe hochlaufen, ohne einen Pulsschlag von 200 zu bekommen, ich fühlte mich, als wäre ich hundert Jahre alt. Trotzdem war es selbst in dieser schweren Zeit keine Option, die Brocken einfach hinzuwerfen und mir zu sagen: »Och, vielleicht war das mit dem Fußball doch keine gute Idee. Dann fange ich eben jetzt mit dem Tischtennis an!« Ich war noch lange nicht am Ende meines Weges angekommen. Hätte ich mich jetzt hängen lassen, hätte ich alles achtlos weggeworfen, was ich bis dahin in das Erreichen meiner Ziele investiert hatte. Es musste weitergehen, und deshalb musste ich irgendwie versuchen, mit diesem kapitalen Schlag zurechtzukommen.

Gemeinsam mit der Mannschaft – ich war ja nicht der Einzige, dem es so ging, und allein das hat schon ein bisschen geholfen! – habe ich vier Phasen durchlaufen. Daraus ist mein ganz persönliches »AAAA-Programm« geworden. Ich habe es so genannt, weil man sich dann, wenn man es erfolgreich abgeschlossen hat, sagen kann: »AAAA, endlich bin ich drüber weg!«

Phase 1: Antreten

■ Das klingt eigentlich ganz einfach: Antreten! Man könnte auch sagen: Sich nicht verkriechen! Weitermachen! Aber gerade in der ersten Phase nach so einem Rückschlag ist das natürlich höllisch anstrengend. Man muss sich regelrecht dazu zwingen, jeden Morgen aufzustehen und weiterzumachen. Am liebsten würde man sich die Bettdecke über den Kopf ziehen und warten, bis der Schmerz von allein vergangen ist, wenn es sein muss, auch ein paar Monate. Doch es führt kein Weg daran vorbei: Man muss wieder »antreten«, auf dem Fußballplatz, in der Schule, im Beruf, egal wo. Aber das Schöne im Leben ist ja, dass es immer irgendwie weitergeht, es geht ja auch jeden Tag die Sonne wieder auf. In meinem Fall hieß das: Ich bin jeden Tag zum Trainingsgelände gefahren, habe die Jungs aus meiner Mannschaft getroffen und mit ihnen trainiert. Mein Vater hat damals zu mir gesagt: »Oliver, du wirst sehen: Wenn du einfach weitermachst, dich Tag für Tag im Training verausgabst und danach kaputt unter der Dusche stehst, sieht die Welt in ein paar Wochen schon wieder ganz anders aus.« Und er hatte recht: Allein dadurch, dass ich »angetreten« bin, dass ich den Kopf nicht in den Sand gesteckt und ewig mit mir gehadert habe, wurde es langsam besser. Das war aber natürlich noch nicht alles.

Phase 2: Akzeptieren

■ Nachdem sich der erste Schmerz langsam gelegt hatte, begriff ich, dass ich mich mit dieser Niederlage irgendwie arrangieren musste. Bei mir war das damals allerdings erst nach ein paar Wochen der Fall. Aber keine Sorge, es muss nicht immer so lange dauern. Das hängt ganz davon ab, wie schwer die Niederlage war, die man einstecken muss. Ich konnte die Niederlage jedenfalls nicht mehr rückgängig machen, ich konnte meine Augen nicht vor den Tatsachen verschließen, ich musste sie einfach akzeptieren. In den ersten Wochen nach diesem Spiel hatte ich mich noch ständig gefragt: »Was wäre passiert, wenn der Gegenspieler nur zwanzig Zentimeter weiter rechts gestanden hätte? Was wäre passiert, wenn der Ball nur zwei Zentimeter weiter links …?« Es waren lauter Fragen, die darum kreisten, was wohl passiert wäre, wenn… Ich machte das Schicksal und die Umstände für diese Niederlage verantwortlich. Es ist die typische Reaktion, wenn etwas schiefgelaufen ist: Man ist überzeugt, alles richtig gemacht zu haben, und sucht deshalb nach all den Gründen für den Rückschlag, die mit einem selbst nichts zu tun haben. Oder schiebt die Schuld gleich den anderen zu. Diese Art zu denken mag auf den ersten Blick recht bequem erscheinen, sie führt aber zu nichts. Denn sie verstellt den Blick darauf, was man in Zukunft besser machen kann, um zu verhindern, dass sich ein solcher Rückschlag wiederholt. Deshalb ist es so wichtig, dass man irgendwann so weit ist, sich mit dem abzufinden, was passiert ist – man kann es ja ohnehin nicht mehr ändern. Es ist wie mit einem wertvollen Teller, den man aus Versehen vom Tisch gewischt hat und der in tausend Scherben zerbrochen auf dem Boden liegt. Man kann die Scherben erst mal unter den Teppich kehren in der Hoffnung, dass sie von dort irgendwann von selbst verschwinden. Das werden sie aber nicht tun. Irgendwann muss man den Teppich lüften und die Scherbenhaufen zusammenkehren. Aber das Gute ist: Wenn man erst mal damit angefangen hat, verliert das, wovor man so viel Angst hatte, bald seinen Schrecken, und man kann seine Kraft wieder voller Optimismus auf die Zukunft richten.

Phase 3: Analysieren

■ Diese Phase ist die wichtigste von allen. Denn jetzt geht es darum, die richtigen Schlüsse zu ziehen. Es ist die Phase, in der man sich unbequeme Fragen stellen muss. Wer einen Rückschlag verarbeiten will, kommt nicht darum herum, nach den Gründen zu suchen:

»Warum ist das passiert? Warum ist es so gelaufen und nicht anders?« Ich habe euch ja schon in Kapitel vier erklärt, dass Schwierigkeiten, die euch auf eurem Weg begegnen, Hinweise darauf sind, welche Fähigkeiten euch noch fehlen. Und das gilt erst recht, wenn es darum geht, einen Rückschlag zu verarbeiten. Also haben wir damals in vielen Mannschaftsbesprechungen analysiert, was wir falsch gemacht haben. Und wir kamen zu dem Ergebnis, dass wir uns zu früh zu sicher gefühlt hatten. Die reguläre Spielzeit war ja schon vorüber, wir dachten, die letzten drei Minuten würden wir jetzt auch noch sicher über die Bühne bringen. Falsch gedacht! Wir hätten bis zum Schluss hochkonzentriert weitermachen müssen, wir hätten nicht nachlassen dürfen. Eine Binsenweisheit im Fußball lautet: »Das Spiel ist erst vorbei, wenn der Schiedsrichter abpfeift.« Man kann sie auch auf das »wirkliche« Leben übertragen: Ein Ziel ist erst erreicht, wenn man über die imaginäre Ziellinie gerannt ist – wer auch nur einen Meter vorher glaubt, den Sieg sicher in der Tasche zu haben zu haben, wird manchmal bitter bestraft. Und wer nicht analysiert, warum etwas schiefgegangen ist, wird im Zweifelsfall den gleichen Fehler wieder machen – und keinen Schritt weiterkommen.

Phase 4: Abhaken

■ Als wir diese Erkenntnis gewonnen hatten, war uns klar, dass es nun keine andere Möglichkeit gab, als die Sache abzuhaken und alles daran zu setzen, wieder ins Champions-League-Finale einzuziehen. Wir wussten: Dieses Trauma können wir nur loswerden, wenn wir noch einmal ins Finale kommen. Wir waren uns sicher, dass wir es dann besser machen würden als beim ersten Mal, und versprachen uns: »Was auch passieren wird – wir holen dieses Ding!« Diese feste Überzeugung wirkte unfassbar motivierend. Wir konzentrierten unsere ganze Kraft auf dieses Ziel und wurden dabei in jeder Sekunde von unserem Trainer bestärkt. Ottmar Hitzfeld hat uns immer wieder gesagt: »Männer, wenn wir jetzt so weiterarbeiten wie in den vergangenen Jahren, werden wir dafür irgendwann belohnt werden. Es wird sich alles irgendwann zu unseren Gunsten drehen.« Wer so weit ist, einen Rückschlag abhaken zu können, zeigt damit, dass er die Vergangenheit hinter sich lassen kann. Auf das, was passiert ist, hat man ohnehin keinen Einfluss mehr, wohl aber auf das, was noch passieren wird. Deshalb ist es wichtig, mit einem Rückschlag irgendwann seinen Frieden zu machen und wieder mit Optimismus in die Zukunft zu blicken.

Es bekommt natürlich nicht jeder die Gelegenheit wie wir, nach einem Rückschlag das besser machen zu können, was schiefgelaufen ist. Aber jeder bekommt auf die eine oder andere Weise die Chance, einen Rückschlag auszumerzen: sei es bei der nächsten Schularbeit, dem nächsten Chorauftritt oder der nächsten Aufnahmeprüfung zur Schauspielschule.

Rolf Kahn, Vater

Wie diese Mannschaft damals mit der Niederlage gegen Manchester United umgegangen ist und zwei Jahre später dann das Finale gegen Valencia für sich entscheiden konnte, ist das Größte, was ich

jemals bei einer Fußballmannschaft miterlebt habe. Es war faszinierend, diesen Prozess aus der Ferne zu beobachten. Für mich war das ein Paradebeispiel dafür, wie es klappen kann, einen Rückschlag richtig zu verarbeiten. Die Menschen, die sich in ihrem Leben etwas erarbeiten und mit Rückschlägen zurechtkommen mussten, sind auch meistens wesentlich sympathischer als diejenigen, bei denen immer alles glattgegangen ist – und ich sage das nicht, weil das auch auf meinen eigenen Sohn zutrifft. Man muss sich ja auch mal fragen: Ist es denn wirklich so wichtig, immer Erster zu sein? Oder reicht es nicht, ab und zu mal Erster gewesen zu sein und hin und wieder auch mal zu verlieren? Ich sitze lieber jemandem gegenüber, mit dem ich mich nicht nur über Erfolge unterhalten kann, sondern auch über Misserfolge – das sind ja oftmals die viel spannenderen Geschichten.

Die »AARGH-Methode« ist keine Lösung!

■ Okay, okay, ich gebe es zu: Als wir gegen Manchester United verloren, war ich bereits 30 Jahre alt. Da fällt es natürlich etwas leichter, eine Niederlage zu verarbeiten, als mit 15. Ich spreche da aus eigener Erfahrung: Als ich in eurem Alter war, war es das Schlimmste überhaupt für mich zu scheitern, nicht nur im Sport, sondern auch in der Schule. Wenn ich ehrlich sein soll, bin ich auch heute noch kein guter Verlierer. Aber ich finde das nicht schlimm. Ganz im Gegenteil: Gewinnen zu wollen ist schließlich die Grundlage dafür, dass man auch wirklich etwas erreicht im Leben. Genauso wichtig ist es jedoch, damit umzugehen zu lernen, wenn es dann doch nicht klappt.

Auch wenn es wehtut und anstrengend ist, muss man sich zwingen, einen Rückschlag zu verarbeiten. Das geht oft nicht von heute auf morgen. Doch wer sich die Zeit nimmt, eine Niederla-ge nach dem »AAAA-Programm« aufzuarbeiten, wird die richtigen Schlüsse ziehen und es beim nächsten Mal besser machen.

Ich weiß, dass das nicht einfach ist. Auch ich war früher noch meilenweit davon entfernt, das in einer so geordneten Weise zu tun, wie ich es euch erklärt habe. Das war oft genug kein »AAAA-Programm«, an das ich mich hielt, sondern eher die »AARGH-Methode«: Die bestand vor allem aus Schreien und Toben.

Das war zum Beispiel so, als ich den Übertritt von der Grundschule auf das Gymnasium schaffen wollte. Meine Eltern hatten mir sehr früh vermittelt, dass ein guter Schulabschluss wichtig war, um sich später alle Möglichkeiten offenzuhalten. Fußball hin, Fußball her. In diesem Alter war es ja noch ein abstrakter Traum, Profi zu werden, meine Vision ist erst später entstanden. An meiner Einstellung hat sich auch nichts geändert, als die Vision schließlich feststand. Ich wollte mir nichts dadurch verbauen, dass ich die Schule schleifen ließ. Doch auch dieses Vorhaben, keine große Überraschung, ging am Anfang erstmal ordentlich daneben.

Zum Abschluss der ersten vier Schuljahre gab es eine Prüfung, die darüber entschied, wer aufs Gymnasium wechseln durfte. Man brauchte dafür einen Notendurchschnitt von 2,5. Meine Mutter glaubte zwar fest daran, dass ich es schaffen würde, aber sie wusste auch, dass das allein nicht reichte. Entscheidend war, dass ich auch selbst tatsächlich aufs Gymnasium wollte. Und das wollte ich mit aller Kraft. Genau das hatte ich auch ein paar Wochen vor dieser Prüfung unserer Klassenlehrerin gesagt, als sie jeden aus unserer Klasse fragte, was sein Ziel sei: Realschule oder Gymnasium. Ihre Reaktion auf meine Antwort werde ich nie vergessen: Sie begann zu lachen, so wie man jemanden auslacht, der auf die Frage, welche Farbe der Himmel hat, mit »grün« antwortet. In den folgenden Wochen lernte ich umso mehr für diese Prüfung. Und trotzdem erhielt ich wenige Tage, nachdem ich sie abgelegt hatte, die Nachricht, dass ich einen Durchschnitt von 2,6 erreicht hatte – ich war knapp durchgefallen.

Ich war so sehr überzeugt davon gewesen, es zu schaffen, dass mich die Nachricht, gescheitert zu sein, traf wie ein Schlag. Meine erste Reaktion war damals, der Klassenlehrerin die Schuld für das Scheitern in die

Schuhe zu schieben. Wie soll man denn etwas erreichen, wenn man allein schon dafür ausgelacht wird, es zu wollen? Aber damit hätte ich es mir zu einfach gemacht. Ich musste mich fragen, ob ich wirklich genug dafür getan hatte, um diese Prüfung zu bestehen.

Nachdem ich mich wieder beruhigt hatte, dachte ich gemeinsam mit meinen Eltern darüber nach, warum es beim ersten Mal nicht geklappt hatte. Ich kam zu dem Ergebnis, dass ich zum einen nicht gut genug vorbereitet gewesen war und zum anderen Pech mit den Prüfungsaufgaben hatte. Ich begriff, dass ich erstens eben noch mehr würde lernen müssen, um es aufs Gymnasium zu schaffen, und mich zweitens nicht verrückt machen durfte. Ich musste an mich glauben und auch darauf vertrauen, dass die richtigen Fragen drankommen würden. Ein paar Wochen später absolvierte ich an einer anderen Schule eine zweite Prüfung. Und diesmal ging alles glatt. Später musste ich mich immer nur an das schrille Lachen meiner Grundschullehrerin erinnern, wenn es in der Schule wieder einmal knapp wurde, und zack, war die Motivation wieder da!

»Die vier Frageweichen« und das Geheimnis des Rückschlags

■ Sich offensiv mit einem Rückschlag zu beschäftigen ist nicht einfach. Es gehört eine ordentliche Portion Mut dazu, weil man immer damit rechnen muss, Kritik einzustecken. Der eine wird dann vielleicht aggressiv, der andere macht alle anderen verantwortlich, nur nicht sich selbst. Aber man muss Kritik annehmen können, wenn man im Leben weiterkommen möchte. Deshalb ist es so wichtig, in ein Netzwerk von Helfern eingebunden zu sein. Denn die beste Art, Rückschläge aufzuarbeiten, ist die, gemeinsam mit denjenigen, denen man vertraut, zu analysieren, warum etwas schiefgelaufen ist. Die Helfer finden meistens den richtigen Ton und verpacken die Kritik so, dass man sie auch akzeptieren kann.

Gemeinsam lassen sich so die vier entscheidenden Fragen leichter beantworten. Ich nenne sie »Die vier Frageweichen«, weil sich an diesem Punkt die Weichen stellen, in welche Richtung ihr nach einem Rückschlag weitergehen wollt.

1. Was kann ich beim nächsten Mal besser machen?

Fehler können euch Hinweise darauf geben, welche Fähigkeiten ihr noch braucht, um ein bestimmtes Ziel zu erreichen. Man muss sich deshalb jedes Mal fragen, welche Botschaft in einem Rückschlag verborgen ist.

Beispiel: Ein Mädchen singt im Chor und ist in der Gruppe richtig gut. Sobald es aber alleine singen soll, versagt ihm die Stimme. Gemeinsam mit seinen Helfern kann es diese Situation zu Hause immer wieder trainieren. Erst singen alle gemeinsam, dann das Mädchen alleine. Je öfter es diese Situation meistert und je größer dabei das »Publikum« ist, umso schneller wird es auch auf der Bühne mit dieser Situation klarkommen.

2. Habe ich mein Ziel zu hoch gesteckt?

Ihr erinnert euch: Ziele sollen so gesteckt sein, dass man sie gerade noch erreichen kann. Vielleicht wart ihr ja beim Festsetzen eines Ziels doch etwas zu optimistisch.

Beispiel: Ein Junge hat für eine Aufführung des Schultheaters eine Hauptrolle übernommen, vergisst bei der Premiere aber im entscheidenden Moment seinen Text. Vielleicht liegt es daran, dass sein Lampenfieber zu groß war. Dann ist es sinnvoll, beim nächsten Mal eine kleinere Rolle zu übernehmen, um sich ohne zu großen Druck an das Lampenfieber gewöhnen zu können.

3. Hat der Rückschlag mit Dingen zu tun, auf die ich keinen Einfluss habe?

Es können Dinge passieren, die sich unserem Einfluss entziehen – trotz gewissenhafter Vorbereitung und eisernem Willen.

Beispiel: Ein Junge hat monatelang für ein Radrennen trainiert, an dem er teilnehmen und eine ganz bestimmte Zeit erreichen möchte. Kilometer um Kilometer hat er zurückgelegt, sich gesund ernährt und noch am Vorabend des Rennens sorgfältig die Kette geschmiert. Nichts soll seinem Erfolg im Wege stehen. Dann kommt endlich der große Tag – doch schon nach wenigen Kilometern rollt der Junge über einen Nagel. Sein Vorderrad hat einen Platten, seine Zielzeit kann er jetzt vergessen. Das ist, im wahrsten Sinne des Wortes, »blöd gelaufen«.

4. War der Konkurrent einfach besser?

Manchmal kann es auch vorkommen, dass das Ziel des einen mit dem eines anderen in Konkurrenz steht. Dann ist es nur logisch, dass einer von beiden sein Ziel nicht erreichen kann.

Beispiel: Ein Mädchen bereitet sich mit ihrem Instrument monatelang auf einen Vorspiel-Wettbewerb vor, zu dem nur die Besten jedes Jahrgangs eingeladen werden. Es ist schon ein großer Erfolg, es bis hierhin geschafft zu haben. Jetzt will sie aber auch gewinnen. Doch obwohl ihr während des Vortrags kein einziger Fehler unterläuft, erreicht sie am Ende nur den zweiten Platz. Denn eine Konkurrentin war einfach noch ein kleines bisschen besser. In einem solchen Moment gibt es keine andere Lösung, als der Gewinnerin zu gratulieren und sich vorzunehmen, es im nächsten Jahr einfach wieder zu probieren. Und die Niederlage kann auch ein Ansporn sein, nach dem Motto: Diesmal war noch jemand besser, bis zum nächsten Mal will ich genauso gut werden.

Ich bin sicher: Wer sich nach einem Rückschlag die Zeit nimmt, sich selbst diese Fragen zu stellen und so lange nach den Antworten zu suchen, bis keine einzige Frage mehr unbeantwortet ist, hat die besten Chancen, gestärkt aus dieser Situation hervorzugehen, vor allem wenn er sich dabei auf sein Helfer-Netzwerk verlassen kann. Gemeinsam mit denjenigen, die man für sein Dreamteam nominiert hat, fällt es viel leichter, die richtigen Schlüsse aus einem Rückschlag zu ziehen. Nicht jeder aus diesem Netzwerk muss dabei in jeder Phase für euch da sein. Ihr habt euer Dreamteam ja so zusammengestellt, dass jede Funktion besetzt ist: Der eine eignet sich besser als Tröster, der andere besser als »In-den-Hintern-Treter«.

Damit eure Helfer euch dabei unterstützen können, mit einem Rückschlag fertig zu werden, ist es aber sehr wichtig, dass ihr euch bereits vorher darüber bewusst seid, wer welche Funktion übernehmen kann. Dann nämlich, wenn ihr noch ruhig, gelassen und voller Optimismus seid. Einen Rückschlag zu erleben bedeutet meistens viel Stress.

Ich habe das ja selbst oft genug erlebt: Die Nerven sind dann gespannt wie Drahtseile, im Kopf geht es drunter und drüber – in einem solchen Moment will man einfach nicht mehr darüber nachdenken, wer nun welche Funktion übernehmen könnte. Ein Fußballtrainer bespricht mit seiner Mannschaft ja auch, was bei einem Gegentor zu machen ist, bevor das Spiel beginnt, und nicht erst, wenn der Ball bereits im Netz liegt. Aber wenn ihr euch gemeinsam mit euren Helfern im Vorfeld Gedanken darum gemacht hat, wie ihr auf einen Rückschlag reagieren könnt, wird es euch gelingen, damit gut umzugehen.

Das Wort »Rückschlag« kann man ja auf zwei verschiedene Weisen verstehen: Entweder als ein Ereignis, das einen zurückwirft und sagt: »Du bist schon ganz schön weit gekommen, aber von hier aus geht es jetzt erstmal, hopphopp, vier Schritte zurück.« Oder als eine Situation, die einen motiviert, zurückzuschlagen, so wie man beim Tennis einen Ball zurückschlägt. Dann lautet die Botschaft: »Pass auf, du musst jetzt ein paar neue Fähigkeiten lernen oder die, die du bereits gelernt hast, überprüfen. Und wenn du dann wirklich so weit bist, kannst du den Ball zurückschlagen und bist wieder im Spiel.« Vielleicht klappt es nicht gleich beim ersten Mal nach einem solchen Rückschlag, möglicherweise auch beim zweiten Mal noch nicht. Aber wenn man niemals aufgibt, wird man es irgendwann schaffen. Ich verspreche euch: Dann ist alles vergessen, was vorher war. Alles.

[kurz] gesagt

Es gehört eine große Portion Mut dazu, sich mit einem Rückschlag zu beschäftigen. Denn man muss immer damit rechnen, Kritik einzustecken. Deshalb ist es wichtig, in ein Netzwerk von Helfern eingebunden zu sein, denen man vertrauen kann. Gemeinsam mit ihnen kann man die Fragen beantworten, die einem dabei helfen, die richtigen Schlüsse aus einer solchen Situation zu ziehen.

»Wie lange noch, wie lange?«

■ Auch bei uns lief es nach der verheerenden Niederlage von 1999 nicht auf Anhieb glatt. Aber wir hatten unsere Lektion gelernt: Wir hatten uns vorgenommen, dass wir nicht mehr locker lassen würden, bis wir den Champions-League-Pokal in der Hand halten würden. Und wir wussten, dass wir dafür bis zur letzten Sekunde hochkonzentriert arbeiten mussten. Wirklich bis zur allerletzten Sekunde! Zu Beginn der Saison 1999/2000 lagen etwa 16 Monate vor uns, bis wir an unserem Ziel ankamen. Dass es so lange dauern würde, wussten wir natürlich nicht – aber auch das wäre uns egal gewesen. Je weiter die Niederlage zurücklag, umso stärker und kräftiger fühlten wir uns.

Der erste Versuch unserer Revanche scheiterte noch: Wir wurden zwar Meister in der Bundesliga und kamen auch bis ins Halbfinale der Champions League, schieden dort aber gegen Real Madrid aus. Die Spanier waren einfach zu stark für uns, das hatten wir zu akzeptieren. Doch was wir in der folgenden Saison erlebten, war der pure Wahnsinn. Wir schafften es bis ins Finale der Champions League und lieferten uns in der Bundesliga bis zum Schluss ein enges Duell mit Schalke 04 um die Meisterschaft. Noch zwei Spieltage vor Schluss lagen die Königsblauen aus Gelsenkirchen vorn. Wir hatten zwar die gleiche Punktzahl, aber das schlechtere Torverhältnis.

Am vorletzten Spieltag kassierten die Schalker ein Tor in der letzten Minute und verloren. Wir dagegen konnten unser Spiel gewinnen. Damit war klar: Wir würden die Meisterschaft aus eigener Kraft gewinnen, wenn wir in der letzten Partie gegen den Hamburger SV einen Punkt holten, ganz egal wie Schalke spielte. Bis kurz vor Schluss stand es in unserem Spiel 0:0 – mit diesem Ergebnis wären wir Meister. Es durfte allerdings nichts mehr passieren, denn zeitgleich spielten die Schalker ein paar hundert Kilometer von uns entfernt mit der Mannschaft aus Unterhaching Katz und Maus, am Ende stand es 5:3. Und dann kam in unserem Spiel die 90. Minute: Ein Spieler des HSV bekam den Ball auf den Fuß, flankte in den Strafraum – und von dort köpfte ein Stürmer direkt ins Netz, ich hatte keine Chance. 0:1! Ein Gegentor kurz vor Schluss, so ähnlich wie zwei Jahre zuvor gegen Manchester United!

Mir rasten die Gedanken durch den Kopf, ich schaute zur Ersatzbank. Ein Teil der Ersatzspieler sackte dort in sich zusammen, es war, als hätte man ihnen die Luft abgelassen und als wäre nur noch die Hülle von ihnen übrig. Ich schrie nach draußen: »Wie lange noch, wie lange?« Unser Trainer zeigte mir mit seinen Fingern an, dass noch drei Minuten Zeit blieben. Drei Minuten für ein Tor – da standen die Chancen für uns deutlich besser als die für Manchester United, denen nur zwei Minuten für zwei Tore geblieben waren. Also rannte ich zu meinem Mitspieler Samuel Kuffour, der vor mir im Strafraum lag, und zerrte ihn wieder auf die Beine. »Noch drei Minuten«, brüllte ich, »noch drei Minuten!« Am liebsten hätte ich jeden Einzelnen aus unserer Mannschaft in Richtung Anstoßpunkt geschoben, um zu zeigen, dass noch nicht alles verloren war. Wofür hatten wir denn nach der Nacht von Barcelona die ganzen

Mannschaftssitzungen abgehalten, in denen wir uns versprochen hatten, nicht aufzugeben, bis es wirklich vorbei war? Und tatsächlich: Plötzlich spürte ich, dass unsere Mannschaft mit aller Macht zurück ins Spiel drängte. Angriff auf Angriff rollte auf das Tor der Hamburger zu. Unser Druck wurde so groß, dass sich ein Abwehrspieler der Hamburger irgendwann nicht mehr anders zu helfen wusste, als den Ball zu seinem Torwart zurückzuspielen. Das ist aber verboten. Wir bekamen einen Freistoß, etwa elf Meter vor dem Tor.

Im Strafraum der Hamburger ging es jetzt zu wie in einem U-Bahnhof in Tokio, es wimmelte von Menschen. Uns war klar, dass dieser Schuss unsere letzte Chance war. Es war unser Abwehrchef Patrik Andersson, der die Verantwortung übernahm. Er lief los, ein Mitspieler tippte den Ball kurz an und Patrik drosch den Ball mitten aufs Tor, in eine Traube von Hamburgern. Eigentlich war es unmöglich, dass der Ball in diesem Gewusel eine Lücke finden würde. Doch er fand sie. 1:1! In der Nachspielzeit!

Wir waren Meister, weil wir bis zur letzten Sekunde weitergemacht hatten. Wir hatten aus dem Rückschlag von Barcelona gelernt.

Vier Tage später betraten wir das Stadion in Mailand, um das Finale gegen Valencia zu bestreiten. Das war ein Moment, den ich nie vergessen werde. Unsere Fans aus München füllten eine Seite hinter einem der beiden Tore komplett aus. Mit weißen und roten Zetteln formten sie über die gesamte Tribüne das Datum: »23.5.2001«. Und darunter stand auf einer Banderole: »HEUTE IST EIN GUTER TAG, UM GESCHICHTE ZU SCHREIBEN!«

Meine

11

für
den
Erfolg

Niederlagen

Niederlagen sind ganz normal. Entscheidend ist, dass wir lernen, damit richtig umzugehen. Ihr müsst euch der Situation stellen und sie akzeptieren. Ändern könnt ihr sie ohnehin nicht mehr, und je länger ihr in Frust, Ärger oder Verzweiflung versinkt, umso mehr Energie geht euch verloren. Wenn ihr das Heft in der Hand behalten wollt, habt ihr keine andere Wahl, als bei euch selbst nach den Gründen für diese Niederlagen zu suchen. Nur dann werdet ihr daraus gestärkt hervorgehen.

kapitel

09

Erfolge muss man

feiern

– am besten mit seinen Helfern.

[oder]

Warum aus mir nie ein Italiener werden wird.

So schmerzhaft die Nacht von Barcelona war, so traumhaft war die von Mailand. Der Moment, als unser Kapitän Stefan Effenberg den Pokal überreicht bekam und ein unfassbarer Jubel im Stadion aufbrandete, hat sich tief in mein Gedächtnis gegraben. Das Feiern dieses Titels, das schon in der Kabine begann und im Mannschaftshotel weiterging, dauerte bis zum nächsten Morgen. Völlig übermüdet stiegen wir ins Flugzeug, das uns zurück nach München brachte. Was uns dort erwartete, war noch viel großartiger. Der Flughafen liegt etwas außerhalb der Stadt, doch schon dort erwarteten uns zahlreiche Fans. Wir verteilten uns auf die vielen Autos, die zu unserer Abholung bereitstanden, und machten uns auf den Weg in die Innenstadt. Die ganze Strecke über wurden wir von Fernsehteams begleitet, die jeden unserer Schritte live ins Fernsehen übertrugen. Über uns kreisten sogar Hubschrauber, die den Weg über die Autobahn auf den Marienplatz aus der Luft filmten. Als wir auf dem Balkon des Rathauses eintrafen, sahen wir auf ein riesiges Meer aus rot-weißen Fahnen, die Menschen standen eng zusammengedrängt auf dem ganzen Platz, auch die angrenzenden Seitenstraßen platzten aus allen Nähten. Der Münchner Rathaus-Balkon ist traditionell der Ort, an dem die Spieler des FC Bayern mit ihren Fans feiern. Doch eine Begeisterung wie an diesem Tag hatte keiner von uns jemals zuvor erlebt. Unsere Anhänger ließen jeden einzelnen Spieler unserer Mannschaft hochleben.

Der Empfang unserer Fans zeigte uns, dass sich alle Anstrengungen gelohnt hatten, die wir auf uns genommen hatten. Und auch für mich persönlich war das ein ganz besonderer Moment: Denn ich war an diesem

Tag an einem wichtigen Ziel angekommen – endlich. Ich hatte mir vorgenommen, der beste Torwart der Welt zu werden, und diesmal hatte ich das Gefühl, diese Auszeichnung auch wirklich verdient zu haben. Geschafft hatte ich das ja eigentlich schon zwei Jahre zuvor: Trotz unserer Niederlage gegen Manchester United war ich zum ersten Mal sowohl zum besten Torwart Europas als auch zum besten Torwart der Welt ausgezeichnet worden. Doch diese beiden Titel bedeuteten mir nichts ohne den Gewinn der Champions League – der »Erfolg« dieser Titel schmeckte damals wie lauwarmer Erdbeersekt. Jetzt aber war alles anders: Unsere Mannschaft war Champions-League-Sieger und ich wurde nicht nur als bester Torwart der Welt und Europas, sondern sogar noch als »Deutschlands Fußballer des Jahres« geehrt – und dieser Vierfach-Triumph prickelte wie Champagner.

Nach außen sah man mir die Freude über diesen Erfolg auf dem Rathaus-Balkon aber kaum an, ganz im Gegensatz zu meinen Mannschaftskameraden. Die hielten sich in den Armen und schunkelten, jeder durfte einmal das Mikrofon in die Hand nehmen, etwas zu den Fans sagen und singen. Oder besser gesagt: grölen. Doch das war egal, in diesem Riesenlärm verstand eh kaum jemand etwas. Ich aber hielt mich eher im Hintergrund. Nicht etwa weil ich meine Stimmbänder schonen wollte oder mich nicht freuen konnte. Sondern weil ich diesen Moment im Stillen genoss. Ich war noch nie der Typ, der bei solchen Feiern seine Freude laut herausgeschrien hätte. Unmittelbar nach einem Sieg rannte ich zwar oft wie wild über den Platz, danach aber blieb ich äußerlich eher gelassen. Ich bin einfach so gestrickt. Außerdem habe ich immer, wenn ein Ziel erreicht war, sofort das nächste in Angriff genommen. Ich nahm mir oft gar keine Zeit zum Feiern. Im Rückblick muss ich sagen: Das hätte ich anders machen können. Oder ich hätte es zumindest mal versuchen sollen. Denn heute weiß ich: Sich über ein erreichtes Ziel zu freuen und das gemeinsam mit anderen zu feiern ist genauso wichtig, wie es erreicht zu haben.

Warum das so ist, möchte ich euch jetzt erklären. Und außerdem, wie es euch gelingt, eure Freude auf andere Art und Weise auszuleben, wenn ihr genauso veranlagt seid wie ich. Denn man kann niemanden zwingen, sich auf Knopfdruck zu freuen.

Wer sich anstrengt, soll sich auch belohnen!

■ Wir haben uns bislang damit beschäftigt, was man alles tun muss bzw. tun kann, um die gesteckten Ziele zu erreichen. Das kann mitunter sehr anstrengend werden, weil man viel Disziplin und Willen aufbringen muss, um auch dann noch dabei zu bleiben, wenn es hart wird. Ich weiß aus eigener Erfahrung, wie aufreibend das sein kann. Ich musste ja immer wieder über meine Leistungsgrenze hinausgehen, um meine Ziele zu erreichen, und manchmal geriet dabei auch bei mir selbst fast in Vergessenheit, warum ich das eigentlich alles auf mich nahm: Ich wollte Titel gewinnen und mir Anerkennung verdienen, und natürlich ging es auch um das Geld, das man als Fußballprofi bekommt. Das Geld war aber nie meine Antriebsfeder, sondern eher ein angenehmer Nebeneffekt. Kurzum: Ich wollte mir mit dem, was ich in das Erreichen meiner Ziele steckte, ein erfolgreiches und zufriedenes Leben ermöglichen. Ich wollte mich für das, was ich investierte, »belohnen«.

Belohnungen sind eine wichtige Motivationsquelle, und das gilt nicht für Fußballprofis, die davon träumen, eines Tages einen Pokal oder die Meisterschale in den Himmel zu strecken. Man kann sich auch auf ganz andere Arten belohnen, erst recht in eurem Alter. Es gibt so viele Möglichkeiten: zum Beispiel der Konzertbesuch der Lieblingsband, wenn man einen bestimmten Notendurchschnitt im Abschlusszeugnis eines Schuljahrs geschafft hat. Oder ein Zelturlaub mit den besten Freunden, wenn man in einem Schnupperpraktikum erste Erfahrungen in einem Beruf gesammelt hat, den man später vielleicht ergreifen möchte. Es müssen aber gar nicht immer die großen Belohnungen sein: Es reicht zum Beispiel schon, wenn man sich die neue CD der Lieblingsband nicht dann kauft, wenn einem gerade der Sinn danach steht, sondern erst wenn man ein gesetztes Ziel erreicht hat. Dann macht das Musikhören gleich doppelt so viel Spaß, weil man es nicht nur schwarz auf weiß hat – oder in diesem Fall als Musik auf dem Ohr –, ein bestimmtes Ziel geschafft zu haben. Sondern auch weil man von dem Moment, in dem man die Musik zum ersten Mal hört, noch lange zehren kann. Denn immer wenn man sie danach wieder abspielt, erinnert man sich an den großartigen Moment, in dem man ein bestimmtes Ziel erreicht hat.

In Kapitel zwei ging es ja darum, wie man seine Ziele richtig festsetzt. Ein ganz wichtiger Punkt war, Ziele so zu definieren, dass man genau sagen kann, wann sie erreicht sind. Und jetzt kennt ihr einen weiteren Grund, warum das so wichtig ist. Nicht nur weil ihr auf diese Weise Schritt für Schritt ein Stück weiter die Leiter hinaufkommt, sondern auch weil ihr so immer wieder Erfolgserlebnisse habt, die es zu feiern gilt. Doch dafür ist es notwendig, eindeutig benennen zu können, wann ein Ziel erreicht ist. Es käme ja auch niemand auf die Idee, in der 75. Minute eines Endspiels beim Stand von 1:0 schon einmal an den Spielfeldrand zu rennen, um den dort aufgestellten Pokal zu berühren, weil sich am Spielstand doch ganz bestimmt nichts mehr ändern wird. Wer wüsste es besser als ich, dass man noch nicht einmal darüber nachdenken sollte, so lange das Spiel nicht abgepfiffen ist…

Um zu wissen, ob es tatsächlich an der Zeit ist, zu feiern und sich zu belohnen, muss man sich noch einmal genau fragen:

■ Habe ich alle Voraussetzungen erfüllt, die für das Erreichen meines Zieles notwendig waren?

■ Ist das Ziel tatsächlich erreicht, habe ich an alles gedacht?

■ Habe ich das nächste Ziel bereits festgelegt?

Wenn ihr diese Fragen bejahen könnt, habt ihr jeden Grund zu feiern. Eine Belohnung bereitet aber meist nur halb so viel Freude, wenn man sie nur für sich genießt, so schön sie auch sein mag. Sich gemeinsam mit den Helfern, die ihren Anteil dazu beigetragen haben, über ein erreichtes Ziel zu freuen – das bringt erst die volle Befriedigung. Es tut einfach gut, sich im Team zu freuen. Ich habe das selbst erlebt, leider allerdings erst zum Ende meiner Karriere hin. Bei den letzten Meisterschaftsfeiern stand ich auf dem Rathausbalkon mitten drin und habe den Vorsänger gegeben – wenn man »Humptahumptahumpta-Täterää!« als Singen bezeichnen kann.

Man steckt sich gegenseitig mit seiner Freude an, man kann die Zeit genießen und sich über das austauschen, was man erlebt hat. Außerdem, und auch das ist ein ganz wichtiger Punkt, kann man sich damit auch bei all seinen Helfern bedanken, die einem auf dem Weg zum Ziel mit guten Ratschlägen, konstruktiver Kritik und, wenn es sein musste, auch mit Trost zur Seite standen. Dadurch wird das Netzwerk aus Helfern und Freunden noch stabiler, und man weiß, dass man sich auch bei den Herausforderungen darauf verlassen kann, die noch kommen werden.

Mir war es immer sehr wichtig, denjenigen zu danken, die mich auf meinem Weg unterstützt haben, wenn ein bestimmtes Ziel erreicht war. Ich habe unseren Fans gedankt, die uns die ganze Saison über angefeuert hatten und sich auch bei Regen und Kälte in die Fankurve stellten. Ich bin aber auch immer persönlich auf diejenigen zugegangen, die im Laufe meiner Karriere wichtig für mich waren: Beim FC Bayern München waren das vor allem Sepp Maier und Ottmar Hitzfeld, beim KSC Winnie Schäfer und Rainer Ulrich. Und ganz besonders natürlich meine Familie und Freunde, die mir sowohl bei Erfolgen als auch bei Niederlagen immer zur Seite standen. Der Grund, warum ich diesen Menschen so gern Danke sage, ist ganz einfach: Ich will, dass diejenigen, die zu mir halten, wissen, wie wichtig ihre Unterstützung für mich war und bis heute ist. Niemand schafft etwas ganz allein. Umso wichtiger ist, dass man in Zeiten, in denen man auf einer Erfolgswelle surft, auch die nicht vergisst, die einem oft genug den Rettungsring zugeworfen haben.

[kurz] gesagt

Wenn wir unsere Ziele konsequent verfolgen wollen, müssen wir manchmal große Anstrengungen auf uns nehmen. Deshalb ist es so wichtig, sich dafür zu belohnen, wenn ein Ziel erreicht ist. Von der Freude darüber könnt ihr nicht nur in diesem Augenblick, sondern vor allem in schwierigen Momenten zehren, sie ist eine wichtige Motivationsquelle. Am schönsten aber ist es, gemeinsam mit seinen Helfern das Erreichen eines Zieles zu feiern.

Der Badener schweigt und genießt trotzdem

■ Wenn ich von »Feier« spreche, meine ich natürlich nicht zwangsläufig eine so rauschende Party, wie wir sie damals nach dem Gewinn der Champions League erlebten. Es wäre vielleicht auch etwas übertrieben, den ganzen Marienplatz sperren zu lassen, um beispielsweise ein gutes Abschlusszeugnis zu feiern. Und wie gesagt: Ich war die meiste Zeit über selbst nicht der Typ, der bei solchen Festen mittendrin gestanden hätte. Ich fand erst spät Gefallen daran, selbst mal das Mikrophon in die Hand zu nehmen und ein Lied anzustimmen. Bis dahin hielt ich mich bei solchen Gelegenheiten immer lieber etwas im Abseits. Das war auch schon zu Schulzeiten so. Es fiel mir nicht leicht, einfach mal fünf gerade sein zu lassen.

Wenn der junge Oliver Kahn diese Zeilen lesen würde, die ich gerade schreibe, würde er wahrscheinlich fragen: »Und was ist, wenn ich einfach nicht will …?« Dann würde ihm der »alte« Oliver Kahn antworten: »… dann gibt es für dich eben andere Möglichkeiten, sich gemeinsam mit anderen zu freuen.« Ich saß zum Beispiel immer gern mit ein paar guten Freunden beisammen und habe mich mit ihnen darüber unterhalten, was auf der zurückliegenden Wegstrecke passiert war – ohne Trubel und Remmidemmi.

Ein gutes Gespräch mit meiner Familie, meinem Onkel und meiner Tante oder mit meinen besten Freunden, für das wir uns richtig Zeit nahmen, bedeutete mir mehr als jede Feier. Aber so war das nun mal, niemand kann aus seiner Haut. Italiener zum Beispiel feiern wild und laut – und ich bin eben ein Badener, der es gern etwas gemütlicher hat.

Jeder muss seine eigene Art finden, wie er sich über ein erreichtes Ziel freuen und einen Erfolg feiern kann. Vielleicht ist euch ja ein gutes Gespräch auch lieber als eine Party. Ein Spaziergang zu einer Stelle im Wald, die euch besonders gut gefällt, der gemeinsame Besuch eines Konzerts oder ein gemeinsames Picknick mit allen Helfern an einem See. Letztlich ist es egal, womit man ein erreichtes Ziel feiert – solange man es nur tut und auch daran denkt, die Helfer in diese Feier mit einzubeziehen.

Macht euch deshalb immer rechtzeitig Gedanken darüber, womit ihr euch belohnen wollt, wenn ihr ein Ziel erreicht habt, und wie ihr euren Helfern eine Freude machen könnt. Und ihr werdet sehen: Allein die Beschäftigung mit dieser Frage macht großen Spaß und bringt wieder die Motivation, die euch hilft, das nächste Etappenziel auch wirklich zu erreichen.

Jetzt ist eure Fantasie gefragt: Denn jeder muss für sich selbst herausfinden, wie er einen Erfolg gemeinsam mit seinen Helfern feiern möchte. Genauso wie jeder seine eigene Art von Humor hat, hat jeder seine eigene Art, Freude zu zeigen. Wenn ihr eher eine Party veranstalten wollt, ist es hilfreich, wenn ihr euch vorher eine kleine Check-Liste anfertigt, auf der ihr das Wichtigste notiert. Also wen ihr zu eurer Feier einladen wollt, wo ihr das Fest genau veranstalten wollt und was ihr dafür alles organisieren müsst. Und wenn es eher etwas ruhiger oder spontan sein soll, legt ihr am besten gleich los!

[kurz] gesagt

Eine Feier muss nicht unbedingt eine rauschende Party sein. Jeder muss für sich selbst herausfinden, was ihm am meisten gibt. Es ist nämlich gar nicht so wichtig, wie man ein erreichtes Ziel feiert. Die Hauptsache ist, dass man es tut! Und dass man seine Helfer dabei nicht vergisst!

Meine

11

für
den
Erfolg

Feiern

Seine Ziele mit Disziplin und Leidenschaft zu verfolgen kann hin
und wieder ganz schön anstrengend sein. Deshalb ist es wichtig,
sich zu belohnen, wenn ein Ziel erreicht ist. Das macht Spaß und
kann in schwierigen Momenten
auch eine wichtige Motivationsquelle sein: Wenn ihr euch daran
erinnert, wie toll das Gefühl war, als
ihr euch für das Erreichen eines
Ziels so richtig belohnt habt. Am
schönsten ist es übrigens, gemeinsam mit seinen Helfern das Erreichen eines Zieles zu feiern.

kapitel

10

Warum man sein

Wissen

an andere weitergeben sollte.

[oder]

Staffellauf mit den Samurai.

Als ich im Sommer 2001 aus dem Urlaub zurück-kehrte, fiel es mir nicht schwer, mich für die vor uns liegende Saison zu motivieren. Meine Vision war Wirklichkeit geworden: Ich war der beste Torwart der Welt. Trotzdem gab es da eine Sache, die noch offen stand: Ich hatte mit dem FC Bayern den wichtigsten Vereinswettbewerb der Welt gewonnen, mit der Natio-nalmannschaft aber hatte ich noch nichts erreicht. Im Gegenteil: Mein erstes Turnier als Nummer 1 war die Europameisterschaft im Jahr 2000, die für uns schon nach der Vorrunde beendet war. In drei Spielen hatte ich fünf Gegentore kassiert. Das sollte bei der bevor-stehenden WM in Südkorea und Japan anders laufen. Und obwohl es uns keiner zutraute, bei diesem Turnier besonders weit zu kommen, tat ich alles, um mein Team bis ins Finale tragen zu können.

Noch ein Dreivierteljahr vor dem Beginn des Tur-niers im Juni 2002 war es allerdings keineswegs sicher, dass wir es überhaupt bis dorthin schaffen würden. Im September 2001 spielten wir im Münchner Olympia-stadion, sozusagen in meinem Wohnzimmer, gegen England und holten uns eine furchtbare Packung ab: Wir verloren 1:5. Wir standen noch am Anfang der Sai-son, und auch ich brauchte nach der aufreibenden Sai-son davor und dem anschließenden Urlaub ein paar Spiele, um wieder meinen Rhythmus zu finden. Nach dieser Klatsche prophezeiten uns viele Experten, dass es schon ein großer Erfolg wäre, wenn wir uns über-haupt für die WM qualifizieren und die Gruppenphase überstehen würden. Hätte ich in diesen Tagen jeman-dem erzählt, dass es trotzdem mein Ziel war, Weltmeis-ter zu werden, hätte man mich wahrscheinlich mitleidig an die Hand genommen und gesagt: »Ja, ja, Oliver. Und was willst du danach werden: Bundeskanzler?« Tatsächlich konnten wir uns erst im allerletzten Moment für die Weltmeisterschaft qualifizieren, mit einem 4:1-Sieg über die Ukraine. Doch was dann folgte, war fantastisch. Jedenfalls bis kurz vor Schluss.

Wir waren bei diesem Turnier wirklich nicht favorisiert. Aber die Deutschen haben nun mal eine Turniermannschaft, die sich immer, wenn es darauf ankommt, steigern kann. Aber wie ich euch ganz am Anfang dieses Buches schon gesagt habe: Wer viel investiert, bekommt auch viel zurück. Diese WM war dafür der beste Beweis. Wir gewannen gleich das erste Spiel mit 8:0 gegen Saudi-Arabien und spielten anschließend zwar nicht überragend, aber so sicher, dass wir immer das Gefühl hatten, es könne uns nichts passieren. Auch ich selbst war im Tor davon überzeugt, dass es kein Spieler schaffen würde, mich zu überwinden. Ich strotzte vor Selbstvertrauen und wehrte ab, was auf mein Tor zugeflogen kam. Bis zum Finale musste ich nur einen einzigen Ball aus dem Netz holen.

Doch dann passierte mir im Endspiel gegen Brasilien etwas Unbegreifliches: Ich machte einen vermeidbaren, aber spielentscheidenden Fehler. Ein Schuss auf mein Tor in der zweiten Halbzeit, den ich relativ spät sehe. Ich bekomme den Ball nicht richtig zu fassen und lasse ihn nach vorne abprallen. Vor mir taucht Ronaldo auf, zu der Zeit einer der besten Stürmer der Welt, und schiebt den Ball an mir vorbei ins Tor – 0:1. Von diesem Rückschlag konnten wir uns nicht mehr erholen. Wir kassierten sogar noch einen weiteren Treffer und verloren 0:2. Der Traum vom Titel war geplatzt.

Nach dem Schlusspfiff wünschte ich mir nichts sehnlicher, als dass sich vor mir ein Loch auftäte, das mich verschluckt. Minutenlang saß ich gegen den Torpfosten gelehnt und starrte aufs Spielfeld, auf dem die Brasilianer herumtanzten. Irgendwann aber musste ich einsehen, dass an dieser Niederlage nichts mehr zu ändern war. Es war nicht leicht, diesen Moment auszuhalten, aber mit der bitteren Erfahrung gegen Manchester United im Rücken wusste ich, dass es auch diesmal irgendwie weitergehen würde. Es ist nie schön, in einem so wichtigen Spiel zu verlieren, aber wenn man so etwas schon einmal erlebt hat, kann man beim zweiten Mal damit wenigstens etwas gelassener umgehen. Also formulierte ich im Stillen: »Ich habe wirklich alles gegeben, aber es hat heute nicht gereicht. Glückwunsch an unseren Gegner, der gewonnen hat. Ihr habt uns besiegt, und ich ziehe mich nun zurück. Das aber ohne jede Wut und Häme.« Es war einer der Momente, in denen man als Sportler das Gefühl hat: Jetzt ist alles zu Ende.

Doch in den Wochen danach passierte etwas Erstaunliches. Dass jemand als Verlierer zum Helden werden konnte, war für mich unvorstellbar. In Asien dagegen sahen das die Leute ganz anders: Für die Japaner war gerade mein Verhalten nach meinem Fehler und der anschließenden Niederlage ausschlaggebend für ihre Bewunderung für mich. Sie verglichen mich sogar mit einem Samurai. Diese Ritter waren in Japan Angehörige einer bestimmten Kriegerkaste und galten als besonders stolze und tapfere Kämpfer, für die ganz bestimmte Prinzipien galten wie Disziplin, Einsatz und Selbstbeherrschung. Den Samurai ging es nicht nur um die Weiterentwicklung als mutiger Kämpfer, sondern auch darum, den Geist zu trainieren.

Die Menschen in Japan hatten mich genau beobachtet: Wie reagiert Kahn in einem der schwersten Momente seiner Karriere? Wahrt er sein Gesicht, wie es für einen Samurai selbstverständlich wäre? Oder läuft er davon, um sich in einem Schneckenhaus zu verkriechen? Zu sehen, wie unser Gegner den Pokal überreicht bekam, den wir so gern in Empfang genommen hätten, war einer der härtesten Momente in meinem Leben gewesen – und einer der prägendsten. Aber ich hatte gespürt, dass ich trotz meines Siegeswillens die Größe zeigen musste, diese Niederlage zu akzeptieren und mich ihr zu stellen. Und genau das war es, was die Menschen so beeindruckt hatte: Sie erkannten, dass ich mich an denselben Grundsätzen orientierte wie die von ihnen verehrten Samurai.

In der folgenden Zeit begann ich, mich intensiv mit der Lehre der Samurai zu beschäftigen, und versuchte, mir an deren Lehre ein Beispiel zu nehmen. Samurai waren sehr ritterliche Krieger, die sich selbst in den schwersten Momenten auf ihre Gelassenheit und die mentale Stärke verlassen konnten. Das half mir, durch die folgenden Monate zu kommen. Denn die waren sehr hart. Ich musste erst wieder eine Perspektive entwickeln, wie es mit meiner Torwart-Karriere weitergehen konnte. Jahrelang hatte ich alles in meinem Leben darauf ausgerichtet, bestimmte Ziele zu erreichen. Doch plötzlich stand ich da und wusste nicht mehr, welches Ziel ich als Nächstes ansteuern sollte. Da war es gut, dass ich mich auf das Netzwerk an Helfern verlassen konnte, das ich mir aufgebaut hatte.

Dr. Peter M. Ruppert, Freund und Geschäftspartner

Oliver und ich haben uns über unsere Kinder kennengelernt, sie besuchten den gleichen Kindergarten. Als ich zum ersten Mal bei ihm zu Hause war, standen wir in seinem Arbeitszimmer. Neben dem Regal mit seinen Pokalen gab es einen Bücherschrank, und was ich darin sah, hat mich sehr erstaunt: Ich fand bei ihm ein paar Bücher, die auch zu meinen Lieblingsbüchern gehören und die nicht viele in ihrem Schrank stehen haben, weil sie nicht sehr bekannt sind. Dass wir uns für die gleichen Bücher interessierten, zeigte mir, dass wir ähnlich tickten.

Das Jahr nach der WM 2002 war für Oliver sehr anstrengend, auch aus privaten Gründen. Er war deshalb auf der Suche nach einem Helfer, mit dem er durch diese schwere Zeit kommen konnte. Also dachten wir gemeinsam darüber nach, ob ich dafür der Richtige war, und beschlossen, zusammenzuarbeiten. Es machte von Beginn an sehr viel Spaß, sich mit ihm auszutauschen. Bis dahin hatte er ein wenig die Tendenz, die Dinge immer auf eine ganz bestimmte Weise zu sehen und kaum andere Sichtweisen zuzulassen. In vielen Gesprächen haben wir uns darüber unterhalten, dass Perfektion ein Zustand ist, der eigentlich nicht erreichbar ist, aber dennoch angestrebt werden sollte. Jeder macht Fehler. Aber das tut dem Streben nach Perfektion keinen Abbruch. Natürlich war die Niederlage im Finale ein schwerer Schlag für ihn. Aber ich bin über-

Der Weg zur Vision – eine Sackgasse?

■ Plötzlich befand ich mich in der schwersten Phase meiner Karriere, denn auf einen Schlag hatte ich kein Ziel mehr. All die Jahre zuvor hatte ich immer genau gewusst, welches Ziel ich als Nächstes anpeilen konnte. Doch jetzt war ich auf der Suche nach einer komplett neuen Herausforderung und fühlte mich, als würde ich in einem stockfinsteren Raum von der Größe einer Schulturnhalle einen kleinen Zettel suchen, auf dem die Lösung stand.

Ich tauschte mich mit meinen Helfern und guten Freunden darüber aus, welches Ziel ich als Nächstes ansteuern konnte und was ich verändern musste, um mich dafür zu motivieren. Und allmählich spürte ich, wie ich wieder Boden unter die Füße bekam: Im Sommer 2006 stand die nächste WM an, diesmal in Deutschland. Ich dachte daran, wie meine Karriere bislang verlaufen war – ich musste immer erst scheitern, bevor ich einen Erfolg feiern konnte –, und erkannte langsam, wohin mein Weg mich führen würde: Ich wollte mit meiner Mannschaft den WM-Titel im eigenen Land gewinnen. Ich war mir sicher, das sei ein Ziel, für das sich jeder Einsatz lohnen würde. Doch das reichte noch nicht, um mich wieder motivieren zu können. Ich musste auch meine Strategie überdenken, mit der ich bislang meine Ziele verfolgt hatte, um mir etwas Neues einfallen zu lassen. So konnte es nicht weitergehen.

Ich hatte mich daran gewöhnt, so viel und intensiv wie möglich zu trainieren. Ich hatte ständig das Gefühl, mich steigern zu müssen und noch mehr arbeiten zu müssen, um besser zu werden. Nun aber war ich an einen Punkt gekommen, von dem aus keine Steigerung mehr möglich war. Mein Körper sendete mir deutliche Signale, dass er nicht mehr bereit war, das mitzumachen. Ich war gezwungen, auch mein Training zu verändern, das immer die Grundlage für meine Leistungen gewesen war.

Ich beschloss, nur noch halb so viel zu trainieren, mich aber in dieser Hälfte der Zeit ganz konzentriert nur den Dingen zu widmen, die ich dringend brauchte. Es bringt nichts, sich in einem solchen Moment zu verzetteln. Stattdessen habe ich mich genau gefragt: »Was brauche ich, was brauche ich nicht? Ich muss heute nicht unbedingt noch einen Waldlauf machen. Ich muss nicht unbedingt in den Fitnessraum, ich mache lieber Gymnastik.« Viele Dinge habe ich ja nur für den Kopf trainiert, wohl wissend, dass es gar nichts bringt, nach dem Motto: »Viel hilft viel!« Es war eine psychologische Sache: »Wenn ich dies und jenes tue, bin ich gut.« Jetzt machte ich es genau andersherum und sagte mir: »Weniger ist mehr.« Man muss nur daran glauben. Auf diese Weise schöpfte ich wieder neue Kraft. Mein Ziel war nun klar umrissen: Ich wollte 2006 im WM-Endspiel stehen und es dann besser machen als vier Jahre davor. Und dann kam alles ganz anders.

Vielleicht werdet auch ihr irgendwann auf eurem Weg an einen solchen schwierigen Punkt kommen, an dem ihr glaubt, dass es einfach nicht mehr weitergeht. Womöglich werdet ihr euch denken: »Jetzt habe ich so viel Energie und Leidenschaft in meine Vision gesteckt, und was habe ich davon? Nichts!« Es gibt keine Garantie dafür, dass sich jeder seine Vision genau so erfüllen kann, wie er sie sich am Beginn seines Weges ausgemalt hat. Ein Mädchen, das Model werden möchte, hat alles dafür getan: sich gesund ernährt, die Angst vor der Kamera abgelegt, tolle Fotos von sich schießen lassen – und findet trotzdem keine Agentur, die seine Bilder schön findet. Ein Junge, der davon geträumt hat, ein berühmter Anwalt zu werden, hat in der Schule alles dafür getan, um ein gutes Zeugnis zu erreichen, und findet dann trotzdem keinen Studienplatz. Ein Mädchen, das nichts sehnlicher wollte, als eines Tages auf einer großen Opernbühne zu stehen, hat jahrelang Gesangsunterricht genommen und sich regelmäßig dem Stress eines Soloparts ausgesetzt – doch im entscheidenden Moment fangen die Stimmbänder immer an zu zittern, die Töne wackeln.

In einer solchen Situation hat man dann erst mal keine andere Wahl, als sich zurückzuziehen, die Wunden zu lecken und in Ruhe darüber nachzudenken, wie es jetzt weitergehen kann. Niemand kann ausschließen, dass so etwas passieren wird. Das ist die schlechte Nachricht. Die gute aber ist: Es geht immer irgendwie weiter. Und wir hatten es ja schon davon: Manchmal ist das, was am Schluss dabei herauskommt, etwas anderes, als das, was man sich zu Beginn eines Weges ausgemalt hatte. Aber das muss nichts Schlechtes heißen. Meine Geschichte von der WM 2006 ist dafür das beste Beispiel.

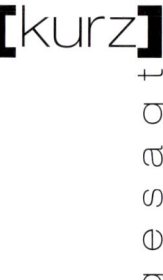

[kurz] gesagt

Es ist nicht ausgeschlossen, dass man auf seinem Weg an einen Punkt kommt, bei dem man das Gefühl hat, dass es nicht mehr weitergeht. Es gibt keine Garantie dafür, dass sich eine Vision genauso erfüllt, wie man sich das am Anfang ausgemalt hat. Diese Erfahrung kann anstrengend und schmerzhaft sein. Aber man kann auf den Weg zurückfinden.

Mein Abschied von der Weltbühne des Fußballs

■ Es dauerte nach dem verlorenen Finale von Yokohama ein ganzes Jahr, bis ich wieder Tritt fasste. Das war eine sehr mühsame Zeit. Irgendwann aber hatte ich das Gefühl, wieder zurück auf meinem Weg zu sein. Doch dann wechselte zwei Jahre vor Beginn der WM das Trainerteam der Nationalmannschaft: Bei der EM 2004 waren wir früh aus dem Turnier ausgeschieden, danach wollte unser Trainer Rudi Völler den Platz frei machen für einen frischen Trainer, der die Mannschaft mit neuem Mut zur WM in Deutschland führen sollte. Es kam Jürgen Klinsmann, und eine seiner ersten Amtshandlungen war es, Michael Ballack zum Kapitän zu machen und den Konkurrenzkampf ums Tor zu eröffnen. Bis dahin war ich die klare Nummer 1, Jens Lehmann der Herausforderer. Jetzt starteten wir beide wieder bei null. Wir wechselten uns ab, einmal war er die Nummer 1, ein anderes Mal ich – es war eine ähnliche Situation wie damals zwischen Stefan und mir, als wir um den Platz im KSC-Tor konkurrierten.

Ich stand ständig im Brennpunkt der Medien. Alle warteten nur auf einen Fehler von mir. Und prompt passierte er auch. Es war am 1. April 2006, ein Heimspiel gegen den 1. FC Köln. Ich war körperlich nicht ganz fit, hatte Schmerzen an den Rippen. Das Tor fiel kurz vor Ende der ersten Halbzeit. Ein Schuss aus 25 Metern, der kurz vor mir auf dem Boden aufsetzte und die Richtung änderte – dennoch ein klarer Fehler von mir. Zur Halbzeit blieb ich in der Kabine. Wenige Tage später eröffnete mir Jürgen Klinsmann, dass ich den Konkurrenzkampf verloren hatte. Jens Lehmann würde bei der WM im Tor stehen. Mein Ziel, den Fehler aus dem WM-Finale von 2002 wieder auszubügeln, zerbröselte zwischen meinen Fingern. Wie sollte es jetzt weitergehen? Konnte es überhaupt noch weitergehen?

Dr. Peter M. Ruppert, Freund und Geschäftspartner

Natürlich waren wir alle geschockt, als die Entscheidung feststand. Doch bevor wir uns darüber unterhalten konnten, musste er erst noch ein Bun-

desligaspiel bestreiten. Einen Tag nach dieser Entscheidung spielte der FC Bayern München in Bremen. Am Tag nach diesem Spiel kam er dann zu mir nach Hause, wir saßen lange zusammen und diskutierten. Eigentlich war es für ihn undenkbar gewesen, die WM als Ersatztorwart zu bestreiten. Aber er hatte aus der Niederlage vier Jahre zuvor etwas Entscheidendes erfahren: Es geht nicht nur darum, Titel zu gewinnen. Man kann auch auf andere Weise erfolgreich sein, zum Beispiel als Vorbild und Ratgeber für die jungen Spieler. Außerdem war er auch nicht bereit, sich einfach in die Ecke stellen zu lassen. Sich zu verkriechen entsprach überhaupt nicht seiner inneren Überzeugung. Am Abend war es deshalb vollkommen klar: Oliver würde sich nicht schmollend zurückziehen, sondern am nächsten Tag erklären, dass er bereit war, seine neue Rolle zu akzeptieren und als Nummer 2 die Mannschaft zu stärken. Er nahm diese Herausforderung an – auch wenn das im ersten Moment sehr schmerzhaft für ihn war.

So einschneidend diese Entscheidung für mich war, so angenehm verliefen die letzten Wochen bis zur WM. Kollegen erzählten mir später, dass sie mich noch nie so locker erlebt hatten. Ich konnte ja nun alles ganz entspannt auf mich zukommen lassen. Es fiel mir auch nicht besonders schwer, meine neue Rolle während der WM einzunehmen. Ich trainierte mit großer Sorgfalt, weil ich ja auch nicht wissen konnte, ob ich nicht vielleicht doch zum Einsatz kommen würde, wenn sich die neue Nummer 1 verletzte, was ich Jens natürlich nicht wünschte. Doch ich konzentrierte mich vor allem darauf, eine Stütze für unsere jungen Spieler zu sein, die einen solchen Rummel wie während dieser vier WM-Wochen im eigenen Land nie zuvor erlebt hatten. Ich war ein erfahrener Profi, hatte solche Extremsituationen schon oft erlebt und konnte ihnen deshalb meine Erfahrungen mit auf den Weg geben. Nur wenn wir im Bus zum Stadion fuhren und ich dort dann auf der Ersatzbank Platz nehmen musste, war es schwer für mich. Denn da spürte ich, wie gern ich selbst im Tor gestanden hätte. Aber in solchen Momenten musste ich eben die Zähne zusammenbeißen.

Unsere Mannschaft wurde auf einer Welle der Euphorie durch dieses Turnier getragen. Die Begeisterung der Menschen war unbeschreiblich. Dann kam das Viertelfinale gegen Argentinien. Es war ein sehr enges Spiel, das im Elfmeterschießen entschieden werden musste. Auf dem Platz herrschte in den Minuten davor eine sehr angespannte Atmosphäre. Unser Trainer wählte die Spieler aus, die den Mut hatten, einen Elfmeter zu schießen. Es war so laut, dass man sein eigenes Wort kaum verstehen konnte. Inmitten des Gewimmels saß unser Torwart auf dem Boden und bereitete sich auf seine Aufgabe vor. Was ich dann tat, war für mich vollkommen selbstverständlich: Ich machte mich auf dem Weg zu ihm, vorbei an den Kollegen, die standen, lagen und saßen, um ihre müden Muskeln zu entspannen. Als ich bei ihm ankam, beugte ich mich zu ihm, gab ihm meine Hand und sagte: »Jens, das ist jetzt dein Ding.«

Ich tat das nicht, weil ich dachte, dass so etwas von mir erwartet würde. Nein, ich tat das, weil es für einen

Sportsmann selbstverständlich ist. Das lernt man schon in der Fußballjugend: »Ein Team. Ein Ziel.« Es war für mich daher völlig natürlich, demjenigen meine Unterstützung anzubieten, der für unsere Mannschaft die Kohlen aus dem Feuer holen musste, was in diesem Fall bedeutete: die Bälle aus der Luft. Und Jens machte seine Sache sehr gut: Er hielt zwei Elfmeter – wir standen im Halbfinale.

Mich hat danach sehr erstaunt, wie viel Wirbel diese Aktion auslöste. Die Medien überschlugen sich mit Komplimenten, für viele war es die Szene dieser Weltmeisterschaft. Für mich aber war das eine Selbstverständlichkeit: Wenn man einen Wettbewerb verloren hat, muss man trotzdem die Größe zeigen, dem anderen alles Gute zu wünschen.

Leider verlor unsere Mannschaft dann im darauffolgenden Spiel gegen Italien, wir erreichten nicht das Finale, sondern spielten am 8. Juni 2006 gegen Portugal um Platz drei. Sportlich war das eine unbedeutende Partie. Ob man eine WM als Dritter oder Vierter beendet, interessiert letztlich niemanden mehr. Doch für mich persönlich war es eines der emotionalsten Spiele überhaupt: Noch einmal stand ich im Tor der Nationalmannschaft. Mir gelangen ein paar tolle Paraden, wir gewannen 3 : 1. Das ganze Spiel über riefen die Fans meinen Namen.

Als nach dem Spiel die Feuerwerksraketen in den Himmel über Stuttgart stiegen, wusste ich, dass mein Weg als Nationalspieler hier zu Ende ging. Meine Karriere wollte ich zwar noch nicht ganz beenden, aber mir war klar, dass ich nie mehr wieder im Tor der Nationalmannschaft stehen würde. Aber einen schöneren Abschied von der großen Bühne des Weltfußballs als diesen konnte es nicht geben.

Der Weg ist das Ziel ist der Weg

■ Nach dieser turbulenten Zeit wusste ich, dass mein Weg als Profi langsam zu Ende gehen würde. Ich war nun 37 Jahre alt und dachte einige Zeit darüber nach, wie lange ich noch beim FC Bayern München im Tor bleiben wollte. Wenn alles gut ging, würde ich meine Karriere im Sommer 2008 beenden.

Wenn ich ehrlich sein soll, hatte ich noch keine Idee, was ich danach machen wollte. Und deshalb war für mich auch noch kein Weg erkennbar. Seit ich denken kann, war ich Torwart. Zwischen den Pfosten zu stehen mit schaumstoff-beschichteten Handschuhen über den Fingern, das hatte meine Persönlichkeit bestimmt. Ich wusste nicht, was davon übrig bleiben würde, wenn ich die Handschuhe für immer abstreifte. Für die zwei Jahre, die mir nach der WM blieben, nahm ich mir deshalb vor, weiter diszipliniert zu arbeiten, aber auch darauf zu achten, die Zeit noch einmal so richtig auszukosten. Bis dahin war ja alles, was ich tat, immer nur auf den nächsten Erfolg in der Zukunft ausgerichtet gewesen. Jetzt wollte ich die schönen Momente auch genießen. Und es gab ja noch ein paar echte Highlights:

■ Im August 2007 wären wir um ein Haar in der ersten Runde des DFB-Pokals gegen den Drittligisten Wacker Burghausen rausgeflogen, nur durch ein Tor kurz vor Schluss retteten wir uns überhaupt in die Verlängerung. »Nein«, dachte ich mir, »so kannst du dich einfach nicht aus diesem Wettbewerb verabschieden.« Im anschließenden Elfmeterschießen konnte ich zwei Elfer parieren. Wir schrammten nur knapp am Ausscheiden vorbei – und standen neun Monate später als Sieger des DFB-Pokals da.

■ Dann das Rückspiel im Viertelfinale des UEFA-Pokals gegen Getafe, einen kleinen Vorort-Verein aus der Nähe von Madrid: Auch da wären wir beinahe gescheitert. Kurz vor Schluss der Verlängerung lagen wir mit zwei Toren hinten, und ich weiß noch, wie ich dachte: »Das darf doch nicht wahr sein, das berühmte Stadion von Real Madrid ist nur ein paar Kilometer entfernt, dort hast du so tolle Spiele erlebt. Und ausgerechnet hier in diesem kleinen Provinznest soll deine internationale Karriere zu Ende gehen?« Dann gelangen uns tatsächlich noch zwei Tore, wir kamen eine Runde weiter. Danach bin ich über den ganzen Platz gerannt und habe gelacht wie ein kleiner Junge. Vor lauter Freude habe ich unserem Kapitän Mark van Bommel aus Versehen sogar noch ins Gesicht geschlagen. Später schieden wir dann im Halbfinale aus. Das war zwar auch nicht schön, passierte aber wenigstens nicht in Getafe.

■ Und mein allerletztes Spiel als Profi, unser Gegner hieß Hertha BSC Berlin: Wir standen schon vor Beginn der Partie als Meister fest, am Ende hatten wir satte zehn Punkte Vorsprung auf den Zweitplatzierten. Doch es ging noch um die Frage, ob es uns gelingen würde, den Rekord der wenigsten Gegentore in einer Saison zu brechen. Wir kassierten lediglich einen Treffer, hatten am Ende nur 21 Gegentore auf dem Konto und waren somit neuer Rekordhalter. Und ich hatte zum Schluss sogar noch ein paar weitere Rekorde geknackt: Ich war der Torwart mit den meisten Bundesliga-Einsätzen (557) und den meisten Deutschen Meisterschaften (8). Und das, obwohl es noch am Anfang geheißen hatte: Mit dem Kahn kann man nicht Meister werden…

Ich hatte geschafft, was ich mir einst vorgenommen hatte: Ich war ein berühmter Torwart geworden, ein weltberühmter sogar. Und zum Schluss war es mir mit meiner Mannschaft sogar noch einmal gelungen, das »Double« zu gewinnen: den DFB-Pokal und die Meisterschaft. Es war ein rundum gelungener Abschluss meiner Karriere, auch dank des tollen Abschiedsspiels, von dem ich euch zu Beginn dieses Buches bereits berichtet habe. Ich war nun 39 Jahre alt, aus eurer Perspektive also wahrscheinlich ein alter Mann kurz vor der Rente. Meine Zeit als Torwart war unwiderruflich zu Ende. Doch so alt fühlte ich mich natürlich nicht. Jetzt konnte etwas Neues beginnen.

Zurück auf die Schulbank!

■ So ganz wollte ich von meinem alten Leben aber noch nicht lassen, ich blieb dem Fußball verbunden. Das ZDF engagierte mich unmittelbar im Anschluss an meine aktive Karriere als Experten. Bei wichtigen Länderspielen stehe ich nun im Studio und analysiere, was gut gelaufen ist und was nicht. Und in Asien war ich Juror einer Fernsehshow mit dem Titel »I never give up. The Kahn Principle« (»Ich gebe niemals auf. Das Kahn-Prinzip«): eine Wettkampfshow, in der wir das Torwart-Talent Chinas gesucht haben. Zehn junge Torhüter mussten in zahlreichen Trainings- und Prüfungseinheiten beweisen, dass sie neben den sportlichen Voraussetzungen auch die innere Einstellung hatten, um sich durchzusetzen und ganz nach oben zu kommen. Der Gewinner durfte am Ende nach Deutschland reisen, um an einem Trainingslehrgang in der DFB-Elite-Schule Berger Feld teilzunehmen.

Währenddessen nahm ich mir aber auch viel Zeit, um darüber nachzudenken, wie ich meine Erfahrungen als Fußballprofi mit in mein neues Leben nehmen könnte. Und deshalb entschied ich mich, im Herbst 2009 ein Wirtschaftsstudium an einer Universität aufzunehmen, die sich darauf spezialisiert hat, Manager darin auszubilden, in der Wirtschaftswelt Führungsaufgaben zu übernehmen und strategisch zu planen. Das entspricht genau dem, was ich auch auf dem Fußballplatz gemacht habe: Als Kapitän habe ich eine Mannschaft angeführt und war gemeinsam mit dem Trainer und einigen Kollegen dafür verantwortlich, den »Betrieb« einer Profimannschaft am Laufen zu halten. Das heißt, ich drücke jetzt wieder die Schulbank. Aber ich gebe zu: Am Anfang meines neuen Lebens saß ich manchmal an meinem Schreibtisch und hatte große Lust, die Brocken wieder hinzuschmeißen. Ich konnte mir keine zwei, drei Sätze am Stück merken, mein Kopf war völlig leer. Die Aussicht, dass das zweieinhalb Jahre so weitergehen würde, erschien mir zunächst so angenehm wie die Perspektive, hundert Mal am Stück das Champions-League-Finale von 1999 gegen Manchester United ansehen zu müssen. Es dauerte einige Zeit, bis sich mein Gehirn auf diese neue Aufgabe eingestellt hat. Aber etwa ein Vierteljahr, nachdem ich mein Studium aufgenommen hatte, kam der Punkt, an dem ich merkte: So, jetzt läuft es wieder, es ist alles wieder da. Ich konnte mir wieder Dinge merken, es bereitete mir keine Probleme mehr, einen längeren Text zu lesen und seinen Inhalt auch zu behalten, und ich fand sogar Gefallen an meiner neuen Aufgabe. Ich bin nun kein Fußballprofi mehr, sondern ein Wirtschaftsstudent.

In gewisser Weise stand ich nach meinem Karriereende vor der gleichen Situation wie ihr, als ihr dieses Buch zum ersten Mal aufgeschlagen habt: Ich musste eine neue Idee finden, was ich aus meinem Leben machen wollte. Ich brauchte eine neue Vision. Im Grunde könnte meine Geschichte also hier enden. Ich könnte zu euch sagen: Blättert einfach zurück an den Anfang dieses Buches, dann habt ihr eine Vorstellung davon, wie ich dabei vorgegangen bin und warum ich heute an meinem Schreibtisch sitze, um Wirtschaftstheorien und Managementlehren zu pauken. Und ich könnte mich wieder ganz meinem Studium widmen. Ehrlich gesagt ist das so viel Stoff, den ich lernen muss, dass ich dafür jede Minute brauchen kann. Doch dann würde zum Schluss dieses Buches ein ganz wesentlicher Aspekt unter den Schreibtisch fallen, den ich euch unbedingt noch mit auf den Weg geben möchte.

Das Leben ist ein Staffellauf!

■ Jeder, der sich daran macht, aus seiner Vision Wirklichkeit werden zu lassen, macht unterwegs eine ganze Menge an Erfahrungen und erwirbt neue Fähigkeiten. Und ganz egal, ob man seine Vision am Ende auch wirklich erreicht hat, wird man von dem, was man unterwegs gelernt hat, für den Rest des Lebens profitieren. Wäre es dann nicht schön, wenn auch andere an diesem Wissen teilhaben könnten? Der Weg zur Vision ist kein Lauf, der am Punkt A(nfang) beginnt und am Punkt Z(iel) endet. Es ist eher eine Art Staffellauf: Am Punkt A übernimmt man einen Stab, in dem alles an Wissen darüber steckt, was man für den bevorstehenden Weg braucht. Dieses Wissen verändert sich über die Zeit, es kommen bestimmte Fähigkeiten und Erfahrungen dazu, andere werden aussortiert. Und wenn man am Punkt Z angekommen ist, übergibt man den

Stab mit dem veränderten Wissen an den Nächsten. Und bekommt von jemand anderem wieder einen anderen Stab in die Hand gedrückt.

Mir ist es ja genauso ergangen: Am Punkt A waren es vor allem mein Vater und später verschiedene Trainer, die mir ihr Wissen vermittelten, das ich auf meinem Weg brauchen konnte. Ich habe dieses Wissen verarbeitet und meine eigenen Erfahrungen gemacht. Und nach meinem Abschiedsspiel stand ich am Punkt Z und dachte darüber nach, wie ich mein Wissen weitergeben konnte. So entstand die Idee, im Rahmen der »ich schaff's«-Tour Schulen zu besuchen, weil ich möglichst viele Jugendliche mit meiner Geschichte dazu motivieren wollte, selbst eine Vision für ihr Leben zu entwickeln. Und um noch mehr Jugendliche zu erreichen, kamen wir auf die Idee zu diesem Buch, das ihr nun in euren Händen haltet.

Aber was bringt es, sein Wissen an andere weiterzugeben? Der wichtigste Effekt ist, dass jeder, der seine eigenen Erfahrungen gemacht hat, eine besondere Glaubwürdigkeit hat – einfach weil er genau weiß, wovon er spricht. Das macht es für andere umso wertvoller, sich diese Geschichten anzuhören. Wenn ich zum Beispiel über den richtigen Umgang mit Rückschlägen geredet hätte, ohne selbst solche Situationen durchlebt zu haben, hättet ihr euch bestimmt gedacht: »Was redet der Kahn da eigentlich? Der hat doch gar keine Ahnung, wie hart es ist, einen Rückschlag einstecken zu müssen.« Aber weil ich solche Momente selbst oft genug erlebt habe, weiß ich, dass es möglich ist, daraus Nutzen zu ziehen. Zu erfahren, wie das funktioniert, kann euch wiederum Mut machen, euch von einem

Rückschlag nicht aus der Bahn werfen zu lassen. Und genauso, wie ihr von meinen Erfahrungen lernen könnt, können andere von dem profitieren, was ihr auf eurem Weg erlebt habt.

Es gibt aber noch einen anderen wichtigen Effekt: Jeder, der von seinen Erfahrungen berichtet, muss sich vorher Gedanken darüber machen, was er eigentlich erzählen kann. Das setzt voraus, dass er sich noch einmal die einzelnen Schritte bewusst macht, die er auf seinem Weg unternommen hat, und darüber nachdenkt, was gut lief, was schiefging und warum das jeweils passiert ist. Das schärft die Sinne dafür, wie der eigene Weg bislang verlief und was man im weiteren Verlauf oder – wie bei mir – auf seinem neuen Weg besser machen kann. Ich zum Beispiel weiß, dass ich mir in Zukunft mehr Zeit nehmen möchte, einen Erfolg richtig zu feiern, anstatt sofort darüber nachzudenken, wie das nächste Ziel aussehen könnte.

Auch bei der »ich schaff's«-Tour habe ich oft gehört, wie wichtig es den Jugendlichen war, ihr Wissen an Jüngere weitergeben zu können, zum Beispiel an ihre Geschwister oder Mitschüler. Und es war dabei ganz egal, ob es um den Mathematikstoff ging oder um die Fähigkeit, beim Fußball den Ball so zum Nebenmann zu passen, dass er auch wirklich ankommt. Viele haben mir auch erzählt, dass sie andere daran teilhaben lassen, wie es ihnen gelungen ist, mit Rückschlägen fertig zu werden. Nach dem Motto: »Ich habe es bei einem Rückschlag geschafft, daraus die richtigen Schlüsse zu ziehen. Dir wird das bestimmt auch gelingen.« Wie ihr den Rahmen inszenieren wollt, in dem ihr von euren Erfahrungen berichtet, bleibt dabei ganz euch überlas-

sen. Dem einen fällt es leichter, vor einer Gruppe zu sprechen, der andere macht das lieber in einem persönlichen Gespräch zu zweit. Wichtig ist, dass ihr euch schon im Vorfeld Gedanken darum macht, wie ihr Wissen weitergeben könnt. Die Fragen, die euch dabei helfen, lauten:

- Wenn du an das denkst, was du auf deinem Weg erlebt hast: Wer in deinem Umfeld könnte davon profitieren, wen könnten deine Erfahrungen und Fähigkeiten interessieren?

- Was genau ist das Nützliche daran, das du weitergeben kannst?

- Wie kannst du dein Wissen am besten rüberbringen?

Es ist übrigens nicht viel dabei, davon zu berichten, was ihr gut hinbekommen habt. Viele scheuen sich davor, von ihrem Wissen, das sie angesammelt haben, zu erzählen, weil sie befürchten, dass sie dann für arrogant gehalten werden könnten und dass man sie als Angeber beschimpft. Aber es gibt einen großen Unterschied zwischen Prahlerei und dem Weitergeben von Wissen: Wer prahlt, tut das nur, weil er sich selbst ins Scheinwerferlicht stellen will – ihm ist es egal, ob andere etwas davon haben oder nicht. Wer dagegen Lust hat, sein Wissen weiterzugeben, tut das, weil er darauf hofft, dass sich andere von seinen Geschichten inspirieren lassen oder dass sie direkt Nutzen daraus ziehen. Ihr könnt euer Wissen ja auch dadurch weitergeben, dass ihr Jüngeren Nachhilfestunden gebt oder ihnen Unterstützung anbietet in dem, was ihr selbst gelernt habt, etwa in der Schule oder beim Sport. Das schärft nicht nur die Sinne für das, was ihr auf eurem Weg erlebt habt, sondern macht auch Spaß.

[kurz] gesagt

Wer sein Wissen an andere weitergibt, hat nicht nur eine besonders hohe Glaubwürdigkeit, sondern stärkt damit auch sein eigenes Selbstbewusstsein.

Der laaaaaange Abschied

■ Bevor ich selbst so weit war, mein Wissen an andere weiterzugeben, brauchte ich aber einige Zeit. Es gab gerade im ersten Jahr nach dem Abschiedsspiel Momente, die nicht besonders angenehm waren. Mir fehlten die festen Abläufe, die durchstrukturierten Wochen als Profi, die Spiele am Wochenende, die Aufregung vor einem Spiel, das Gefühl des Sieges und sogar der Schmerz über die Niederlage. Über zwanzig Jahre lang war mein Leben streng reglementiert, ich hatte Trainingspläne und feste Termine, die ich einhalten musste, es gab nur sehr wenig Freiraum. Das hatte sich tief in mein Bewusstsein eingegraben. Wenn man mit der Nationalmannschaft zum Beispiel bei einer WM teilnimmt, bekommt man jeden Morgen einen Zettel unter der Tür durchgeschoben. 10 Uhr Training, 12 Uhr Mittagessen, 13 Uhr Besprechung, 15 Uhr Nachmittagstraining. Und ich weiß noch, wie ich nach einer Weltmeisterschaft in den Urlaub fuhr und irgendwann bei unserem Betreuer anrief, um ihm zu sagen: »Du, Flavio, irgendwas fehlt mir. Ich kann gar nicht mehr leben ohne deine Tagespläne. Kannst du mir nicht einen Plan faxen?« Umso schwerer fällt es einem in den ersten Monaten nach dem Karriereende dann, sich die Zeit selbst einzuteilen.

Anfangs war es natürlich toll, dass ich morgens aufwachte und mir sagen konnte: »Heute kann ich mal machen, was ich will. Ich muss nicht trainieren oder in den Kraftraum, ich muss mir nicht die Bälle auf den Körper schießen lassen und mich in den Dreck schmeißen, ich habe keine Verpflichtungen.« Aber irgendwann wurde es trotzdem schwierig. Torwart zu sein war meine Leidenschaft. Diesen Job habe ich mit großer Begeisterung ausgeübt, es war das, was ich immer hatte machen wollen. Mir fehlte der Geruch frisch gemähten Rasens, der »Duft« von nass geschwitzten Klamotten in der Kabine. Ich bekam Lust, wieder mit meinen alten Kollegen zu trainieren und mich auf ein Bundesligaspiel vorzubereiten. Es dauerte ein ganzes Jahr, um von diesem Leben Abschied zu nehmen.

Nach einem Jahr etwa gab es dann aber einen Moment, als ich spürte: »Hey, jetzt ist alles abgefallen.« Ich hatte mir an diesem Tag alle Dinge bewusst gemacht, die in meiner Karriere passiert sind, und hatte damit abgeschlossen. Und mir war klar: Es gibt auch andere Dinge im Leben, die sehr viel Spaß machen. Es kommt allerdings auch heute noch vor, dass mich bestimmte Erinnerungen einholen, etwa wenn der FC Bayern München in der Champions League antritt und ich danach gefragt werde, ob er wohl gewinnen wird.

Dann begann für mich die Phase der Neuorientierung: Ich musste wieder Motivation finden für etwas ganz Neues in meinem Leben. Also überlegte ich mir, was ich jetzt erreichen wollte und was ich dafür lernen musste. Zugegeben: Ich hatte es da einfacher als andere, weil ich nicht darüber nachdenken musste, womit ich Geld verdienen kann. Ich habe das Glück, mit meinem Beruf so viel verdient zu haben, dass ich mich darauf konzentrieren konnte, das zu tun, was mir Spaß macht. Aber wie ich euch schon mehrmals erklärt habe: Geld kann keine Antriebsfeder sein. Und deshalb war das auch keine befriedigende Situation, nichts zu tun zu haben, nur weil ich es mir leisten konnte. Jeder Mensch braucht in seinem Leben eine Aufgabe, die ihn herausfordert.

Auf der Suche nach dieser Aufgabe hielt ich mich genau an die Prinzipien, die ich euch in diesem Buch vermittelt habe. Ich fragte mich: Was kann ich gut, was macht mir Spaß, wofür interessiere ich mich? Ich habe mich mit Helfern aus meinem Umfeld unterhalten, aber auch mit Menschen, die mir nicht nahestanden und mir gerade deshalb gute Ratschläge geben konnten. Und so kristallisierte sich dann langsam heraus, wie mein Weg aussehen könnte – und wie nicht. Es war für mich zum Beispiel schwer vorstellbar, Torwarttrainer zu werden, wie das zum Beispiel Sepp Maier gemacht hat. Ich glaube, für diesen Job wäre ich nicht besonders gut geeignet.

Rolf Kahn, Vater

Als Oliver seine Karriere beendete, war mir klar, dass er ein, zwei Jahre brauchen würde, um zu begreifen, dass es jetzt vorbei ist. Aber dann würde er froh sein, dass er selbst den Zeitpunkt seines Abschieds wählen konnte. Ich weiß ja aus eigener Erfahrung, dass es unangenehm ist, wenn man gezwungen wird, die Karriere zu beenden, zum Beispiel durch eine Verletzung. Aber heute bin ich nicht sonderlich traurig darüber, dass ich damals diesen Muskelabriss erlitten habe und meine Laufbahn nicht fortsetzen konnte. Die zehn Jahre, die ich als Profi gehabt hätte, wären vielleicht auch interessant gewesen, je nachdem wie weit ich gekommen wäre. Aber dann die Karriere meines Sohnes zwanzig Jahre miterlebt zu haben war viel spannender, als es bei mir je hätten werden können. Heute beobachte ich seinen neuen Weg mit der gleichen Spannung wie zu seiner aktiven Zeit. Der einzige Unterschied ist nur, dass ich dabei nicht mehr so ein Herzklopfen habe wie früher, als ich auf der Tribüne saß und er unten im Tor stand.

Ich entschied mich dafür, mich fit zu machen für eine neue Führungsaufgabe und meine Erfahrungen als Torwart und Mannschaftskapitän in andere Bereiche einzubringen. Aber dafür braucht man auch eine Menge theoretisches Wissen. Deshalb fing ich wieder zu studieren an. Als ich ein junger Fußballprofi war, hatte ich damit ja schon einmal begonnen, ich war an einer Fernuniversität eingeschrieben und habe BWL studiert. Ich konnte es aber nicht zu Ende bringen, weil ich irgendwann einsehen musste, dass ich nicht genug Zeit dafür aufbringen konnte. Am ersten Tag meines neuen Studiums war es dann fast wieder wie damals, als ich die Vision entwickelt hatte, ein berühmter Torwart zu werden. Ich wusste nicht, wohin mich mein neuer Weg führen würde, aber ich sagte mir: »Ich habe jetzt ein Ziel: Ich will dieses Studium erfolgreich abschließen – und das schaffe ich.«

Meine neue Vision

■ Ich bin nun also in einer ganz ähnlichen Situation wie ihr: Ich sitze gemeinsam mit meinen Kommilitonen im Unterricht. Ich muss jede Menge Stoff lernen und gelegentlich »Hausaufgaben« machen: Das sind Arbeiten, die bis zu 60 Seiten lang werden können, mit denen ich nachweisen muss, dass ich auch wirklich begriffen habe, was wir gelernt haben. Nebenbei arbeite ich weiter als Fernsehexperte für Fußball und habe mit Partnern das Internet-Portal www.fanorakel.de gestartet, auf dem Fußballfans permanent online ihre Meinung zu aktuellen Ereignissen in der Welt des Fußballs abgeben können.

Ihr seht: Mir wird nicht langweilig werden. Ich weiß nur noch nicht genau, was ich nach meinem Studium machen werde. Das lasse ich ganz entspannt auf mich zukommen. Ich weiß zwar, wie das Bild von dem, was ich später machen möchte, ungefähr aussehen könnte, es fehlen aber noch die klaren Konturen. Ich erlebe die Suche nach meiner Vision so, wie ich es euch am Anfang dieses Buches geschildert habe: Sie kommt nicht über Nacht, sie muss sich langsam entwickeln. Irgendwann werde ich ein konkretes Bild vor Augen haben, wie meine Zukunft aussehen wird. Bis dahin weiß ich nur eines sicher: Ich werde alles dafür tun, um auch auf meinem zweiten Weg so erfolgreich zu sein wie auf meinem ersten. Einfach, weil ich nicht anders kann.

Ich bin überzeugt, dass ich es packen werde. So wie es jeder packen kann, der sich auf den Weg macht, um ein erfolgreiches und zufriedenes Leben zu führen, und sich fest vornimmt, es auch zu schaffen.

Und was ist mit euch?

Meine

11

für
den
Erfolg

Wissen

Manchmal kommt man im Leben an einen Punkt, an dem man sich neue Ziele setzen oder sogar eine neue Vision finden muss. Dann zieht man sich am besten zurück und denkt gemeinsam mit seinen Helfern darüber nach, wie es jetzt weitergehen kann. Wer anschließend neue Ziele gefunden hat, sollte sein Wissen aber nicht für sich behalten. Jeder sammelt auf seinem Weg unterschiedliche Erfahrungen und wichtige Fähigkeiten, von denen auch andere profitieren können.

11

kapitel

Warum
es jetzt auf

euch

ankommt.

【oder】

Drei Minuten
Nachlesezeit.

Wäre das hier kein Buch, sondern ein Fußballspiel, könnte man sagen: Die reguläre Spielzeit ist vorüber, es folgen noch wenige Minuten Nachspielzeit. Doch ihr wisst ja, dass in der Nachspielzeit manchmal die viel entscheidenderen Treffer fallen können als in den neunzig Minuten davor. In unserem Fall müsste es in diesem Sinne allerdings heißen, dass jetzt die Nachlesezeit angebrochen ist.

Hinter uns liegt ein gemeinsamer Weg von knapp 300 Seiten. Ihr habt erfahren, wie ich es geschafft habe, zu einem berühmten Torwart zu werden, und welche Rückschläge ich dabei einstecken musste. Ihr wisst nun, wie man eine Vision entwickelt und den Weg dorthin in Zwischenziele einteilt, wie ihr den ersten Schritt macht und was ihr tun könnt, damit euch unterwegs nicht die Motivation verloren geht. Jetzt fehlt nur noch ein letzter Punkt, bevor ihr das Buch zuklappen könnt. Und ihr müsst nur in den Spiegel gucken, wie ich es damals im Trikot von Sepp Maier gemacht habe, um zu wissen, welcher das ist.

Nun ist es an euch, das in die Tat umzusetzen, was ich euch beschrieben habe. Dieses Buch kann euch auf dem vor euch liegenden Weg unterstützen, aber entscheidend ist jetzt, was ihr daraus macht. Seht es als einen Begleiter, den ihr herausholen könnt, wenn ihr gerade einen guten Rat braucht. Nehmt es als Motivationsquelle in brenzligen Momenten, in denen ihr euch fragt, ob ihr das Ziel, das ihr euch vorgenommen habt, auch wirklich schaffen könnt. Vielleicht hilft es manchmal sogar, euch in solchen Augenblicken vorzustellen, wie es mir gelungen ist, in einer ähnlichen Situation eine Lösung zu finden. Aber Achtung: Auch ich bin ein

Mensch mit Fehlern, und das, was ich sage, ist bestimmt nicht immer der Weisheit letzter Schluss. Mehr noch: Nicht alles, was ich erlebt und daraus gelernt habe, muss immer haargenau auf das passen, was bei euch ansteht. Nehmt das Buch deshalb als eine Art Werkzeugkasten, aus dem ihr immer das herausholen könnt, was ihr braucht und was zu euch passt. Auch ich habe das, was mir ein anderer gesagt hat, nie sofort umgesetzt, sondern immer erst einmal darüber nachgedacht, ob ich es genauso sehe wie der andere. Nur wenn ich der Meinung war, dass er recht hat, habe ich seinen Rat befolgt. Aber nur dann.

Jetzt kommt es also auf dich an! Aber ich bin sicher: Wenn du mir bis hierher gefolgt bist, dann wirst du es schaffen, aus deinem Leben etwas zu machen, was dich zufrieden, erfolgreich und glücklich macht. So rundum glücklich, wie ich mich im Blick auf mein Leben und das, was es mir geboten hat, gerade fühle. Und so fehlt am Ende also nur noch eines, um meine Elf für den Erfolg zu komplettieren:

DU!

Danke!

Ganz herzlich möchte ich mich bei meinem Dreamteam aus Helfern und Partnern der »ich schaff's«-Tour bedanken. Ohne die Lechwerke AG und das »ich schaff's®«-Institut hätte das Motivationsprogramm nicht realisiert werden können. Ich danke vor allem Thomas Hegemann, dem pädagogischen Kopf und Motor der »ich schaff's«-Tour, mit dem ich einen guten Doppelpass gespielt habe.

Ein großer Dank geht an die mehr als 250 Lehrer, die jetzt das Motivationsprogramm an ihren Schulen umsetzen. Ganz besonders möchte ich den über 4 000 Schülern danken, die mir mit ihrem Feedback gezeigt haben, wie wichtig es ist, sich für sie einzusetzen.

Ich freue mich über jeden Einzelnen, der seiner Vision näher kommt.

Du packst es!

Literaturhinweise

Oliver Kahn: *Ich. Erfolg kommt von innen.* riva Verlag 2008
Oliver Kahn: *Nummer eins.* Droemer Verlag 2004

Für die Arbeit mit Kindern:
Ben Furman: *Ich schaffs! Spielerisch und praktisch Lösungen mit Kindern finden – Das 15-Schritte-Programm für Eltern, Erzieher und Therapeuten.* Carl-Auer Verlag 2008

Für die Arbeit mit Jugendlichen:
Christiane Bauer / Thomas Hegemann: *Ich schaffs! – Cool ans Ziel. Das lösungsorientierte Programm für die Arbeit mit Jugendlichen.* Carl-Auer Verlag 2010

Für Fachleute und Eltern:
Furman, Ben: *»Ich schaffs!« in Aktion. Das Motivationsprogramm für Kinder in Fallbeispielen.* Carl-Auer Verlag 2010

Das „ich-schaff's"-Institut bietet darüber hinaus auch Workshops und Supervisionen, Lern- und Übungsmaterialien sowie ein internationales Netzwerk.
Mehr unter www.ichschaffs.com

Bildnachweise